야구에 진심입니다

다양한 기록 뒤에 숨겨진 흥미진진한 야구 이야기

야구에 진심입니다

조장현 지음

한스컨텐츠

서문

흔히 야구를 기록의 스포츠라고 부르곤 한다. 그런데 잘 생
각해보면 이것은 꽤나 아이러니한 말이다. 야구뿐만 아니라
거의 모든 스포츠에서 기록은 중요한 의미를 갖기 때문이다.
애초에 대부분의 스포츠들은 기록에 의해 승패가 갈린다.

　100m 달리기에서는 많은 선수들이 우사인 볼트가 세
운 9초 58의 기록을 넘기 위해 구슬땀을 흘리고 있다. 축구
에서는 선수가 슛을 할 때 기대 득점(Expected Goals: xG)이 얼
마나 되는지 계산할 수 있을 정도로 기록이 활용되는 비중
이 증가했다. 스포츠에서 기록은 절대 야구만의 전유물은
아니다.

　그럼에도 불구하고 야구만큼 기록이 많은 의미를 갖는
종목도 드문 것이 사실이다. '한 이닝 만루홈런 두 방', '9경
기 연속 홈런', '한국시리즈 4승' 여러분이 기존에 야구에 관

심이 많았다면 이미 이 기록들이 누구의 것인지 알고 있을 것이다.

또 야구만큼 기록이 정확도를 갖는 종목도 드물다. 야구의 기록 연구는 세이버메트릭스(Sabermetrics, 야구 통계학)라는 학문을 통해 체계화되고 있다. 이제는 선수가 승리 확률을 얼마나 올렸는지(Win Probability Added: WPA, 승리 확률 기여도), 선수가 팀에 몇 승을 가져다줬는지(Wins Above Replacement: WAR, 대체 선수 대비 승리 기여도)를 계산할 수 있는 수준에 이르렀다.

하지만 야구는 기계가 아닌 인간이 하는 것이라는 점을 명심해야 한다. 기계라면 매 순간 짜놓은 프로그램, 설정된 기록 그대로 가동되겠지만 인간은 다르다. 인간은 항상 같은 기량, 같은 상태를 유지할 순 없다. 그렇기에 야구에서도 기존의 예측과는 다른 결과물이 나오곤 하는데, 그러한 반전들이 야구가 갖는 매력일 것이다.

또 단순히 수학 공식을 달달 외우듯이 기록을 있는 숫자 그대로 해석해서는 안 된다. 기록은 여러 상황과 맥락 안에서 만들어지기 때문이다. 그래서 세이버메트리션(Sabermetrician, 야구 통계학자)들조차도 기록을 여러 상황과 맥락을 고려해 보정하는 다양한 방법을 고려하고 있다. 하지만 이 역시 완전치는 않다.

그래서 이 책에서는 야구의 여러 다양한 기록들 뒤에 숨겨진 상황과 맥락, 에피소드 등에 대해 다뤄보고자 한다. 이 책을 통해 여러분이 다양한 기록들이 갖는 의미를 더 잘 이해할 수 있기를 바란다.

사실 필자는 그리 특별한 사람이 아니다. 스스로가 이

런 책을 쓸 자격이 있는 사람인지도 잘 모르겠다. 하지만 필자가 정말 많은 시간 동안 야구에 대해 고민했던 것은 분명하다. 필자가 야구에 대해 고민하면서 느꼈던 것을 이 책을 통해 여러분에게 전달할 수 있기를, 그리고 이 책을 통해 여러분이 필자처럼 야구와 깊은 사랑에 빠질 수 있기를 기원한다.

마지막으로 필자에게 야구의 매력을 깨닫게 해준 많은 분들, 필자에게 이런 좋은 기회를 제공해주신 분들에게 감사하다는 말을 전하고 싶다. 또 이런 결실을 맺을 수 있도록 필자를 믿고 기다려준 가족들에게도 사랑한다는 말을 남긴다.

목차

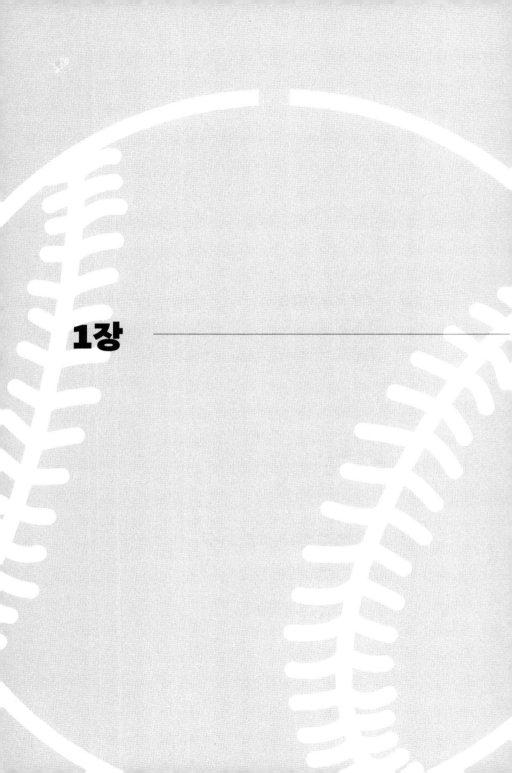

1장

비운의 투수들

'한만두'의 아픔

박찬호는 한국인 최초의 메이저리거로 한국 역대 최고의 투수 중 하나로 꼽힌다. 하지만 누구에게나 처음의 자리는 어려운 법이다. 박찬호 역시도 메이저리그에서 수많은 시행착오를 겪었고, 여러 대기록의 희생양이 되기도 했다. 그중 대표적인 것이 바로 '한만두'이다. 한만두는 '한 이닝 만루홈런 두 방'의 줄임말로, 말 그대로 박찬호가 한 이닝에 만루홈런을 2개나 허용한 사건을 말한다. 심지어 그 만루홈런 2개는 모두 한 타자에게 허용했다.

실력과는 별개로 만루홈런 하나를 맞는 것도 결코 쉬운 일이 아닌데, 그 만루홈런을 하나 맞고 나서도 마운드에서 내려가지 않고 그 이닝에 그 타자를 또 만나 '또' 만루홈런을 맞는 것? 상상하기 어려울 정도로 희박한 확률이다. 사이클링 히트가 348번, 퍼펙트게임도 무려 24번이나 나온 방대한 역사의 메이저리그지만, 이 기록은 박찬호를 제외하면 그 누구도 달성(?)하지 못했다. 그뿐만 아니라 KBO와 NPB에서도 아직까지 이런 일은 일어나지 않았다.

야구 통계 전문가 톰 탱고는 한만두가 일어날 확률을 무려 1200만 분의 1이라고 계산했다. 참고로 로또 1등에 당첨될 확률은 814만 분의 1로 한만두보다 1.5배 가까이 높다. 그 외에도 《동아일보》 황규인 기자는 한만두가 4485년에 한 번 나오는 기록이라고 추산하기도 했다. 4485년이면 야구의 역사를 약 150년 정도로 잡았을 때 그 30배에 달하는 어마어마한 기간이다. 이쯤이면 계산하는 게 무의미할 정도로 희박한 확률로 보인다.

미국의 유명 야구 통계 사이트 베이스볼 레퍼런스에서는 과거 메이저리그 경기들의 박스 스코어를 확인할 수 있다. 해당 사이트의 기록을 기반으로 그 경기를 복기해보자. 해당 경기는 현지시간 1999년 4월 23일 오후 7시 28분부터 다저스타디움에서 4만 6687명의 관중이 들어찬 채 3시간 5분 동안 진행됐으며, 세인트루이스 카디널스와 LA 다저스가 맞붙었다. 카디널스의 선발투수는 호세 히메네스, 다저스의 선발투수는 당연히 박찬호였다.

다저스의 선발 박찬호는 1회초 선두타자 대런 브래그에게 안타를 허용했으나 에드가 렌테리아와 마크 맥과이어를 연속 삼진으로 잡았고, 4번 타자 3루수로 선발 출장한 페르난도 타티스도 2루 땅볼로 막아내며 1회를 실점 없이 넘겼다. 다저스는 1회말 공격에서 에릭 영의 안타와 상대 실책, 호세 비스카이노의 번트와 게리 셰필드의 희생플라이로 선취점을 따냈다. 2회초 박찬호는 선두타자 J. D. 드루에게 2루타를 허용했으나 실점 없이 이닝을 끝냈다.

2회말 다저스는 데본 화이트와 아드리안 벨트레의 연속 안타, 그리고 토드 헌들리의 희생플라이로 또 한 점을 달아났다. 다저스의 승리 확률은 74%까지 올라갔다. 그리고 문제의 3회초가 시작됐다. 박찬호는 브래그에게 우전 안타, 렌테리아에게 몸에 맞는 공, 다시 맥과이어에게 우전 안타를 허용하며 무사 만루의 위기를 맞았고, 타석에는 페르난도 타티스가 들어섰다. 타티스에게 던진 초구와 2구가 모두 볼이 되자 박찬호는 3구째로 패스트볼을 선택했다.

그리고 몸쪽 높게 몰린 박찬호의 실투를 타티스는 놓치지 않았고, 그대로 좌익수 뒤쪽 담장을 넘기는 첫 번째 만루홈런으로 연결했다. 스코어는 순식간에 4:2로 역전됐고, 48%였던 카디널스의 승리 확률은 순식간에 71%까지 상승했다. 이후 박찬호는 드루를 땅볼로 잡으며 숨을 돌리는 듯했으나, 이어지는 엘리 마레로에게 또다시 좌월 솔로홈런을 허용하고 말았다. 스코어는 5:2, 그리고 이 홈런 이후 박찬호는 정말 걷잡을 수 없이 흔들리기 시작했다.

박찬호는 7번 타자 데이비드 하워드의 타석에서 대타로 나온 플라시도 폴랑코에게 볼넷, 8번 타자 조 매큐잉에게도 볼넷을 내줬다. 9번 타자 투수 호세 히메네스는 번트를 댔고 박찬호는 타구를 잡아 3루 송구를 감행했으나 3루에서 세이프가 되면서 주자는 만루가 됐다. 만루 위기에서 박찬호는 이번 이닝 두 번째 타석을 맞은 브래그에게 1-2루 간 느린 땅볼을 유도했으나 1루수 에릭 캐로스가 잡고 홈에 던진 송구가 빗나가고 말았다.

이 플레이는 1루수 캐로스의 실책으로 기록됐고 박찬호의 비자책점은 크게 늘어나게 됐다. 그리고 홈 세이프 판정에 항의하던 다저스 감독 데이비 존슨은 퇴장을 당했다. 박찬호가 한만두를 겪도록 마운드에 방치된 것은 바로 이런 이유 때문이었다. 만루홈런 두 방을 맞는 동안 감독은 무책임하게 구경만 한 것이 아니라 이미 경기장 안에 없었던 것이다.

그렇게 계속된 1사 만루 상황에서 마운드에 방치된 박찬호는 렌테리아에게 우익수 앞 1타점 적시타를 허용했다. 이어지는 맥과이어는 우익수 쪽 얕은 플라이로 잡았고 주자들은 움직이지 못했다. 앞선 캐로스의 실책이 없었다면 그래도 이닝은 여기서 끝났을 것이다. 하지만 실제로 기록된 아웃 카운트는 여전히 2개뿐, 그리고 베이스는 가득 들어찬 상황에서 '그' 페르난도 타티스가 '또' 타석에 들어섰다.

승부는 풀카운트까지 진행됐고, 이번에 박찬호가 선택한 6구째는 변화구였다. 그러나 그 변화구는 또다시 가운데 높게 들어가는 실투가 되고 말았고, 타티스의 방망이는 이번에도 여지없이 휘돌았다. 좌중간에 높게 뜬 타구를 중견수 데본 화이트가 쫓았지만 절대로 잡을 수 없는 타구였다. 이렇게 야구 역사상 가장 진기한 기록이 완성됐다.

스코어는 11:2로 벌어졌고, 다저스 벤치는 드디어 너덜너덜해진 박찬호를 카를로스 페레즈로 교체해줬다. 이렇게 이날 박찬호의 등판은 2.2이닝에 87구를 투구해 11실점 6자책으로 마무리됐다. 이후 카디널스는 6회초 드루가 페레즈를 상대로 솔로홈런을 치며 12:2까지 달아났고, 다저스가 7회와 8회 뒤늦게 추격하며 경기는 12:5로 끝났다. 타티스는 이후 타석에서는 삼진만 2개를 당하며 5타수 2안타 2홈런 8타점으로 경기를 마무리했다.

아마 이 경기는 박찬호 선수 커리어 최악의 경기였을 것이다. 하지만 다행히도 박찬호는 이러한 시련을 잘 극복해냈다. 그해를 194.1이닝 투구와 13승으로 마무리한 박찬호는 이후에도 다저스의 선발진을 지켰고, 2010년까지 메이저리그 무대에서 활약했다. 2006년 WBC에 나서며 많은 한국 야구팬의 가슴을 뜨겁게 만든 것도 물론 빼놓을 수 없는 박찬호 커리어의 하이라이트다.

2020년대에 접어들어 박찬호의 한만두는 팬들 사이에서 하나의 밈(meme)이 됐다. 노린 것인지는 알 수 없으나 '한만두'라는 이름의 식품 회사가 생기기도 했고, 김하성은 팀 동료이자 타티스의 아들인 페르난도 타티스 주니어에게 '만두'를 먹이기도 했다. 이외에도 각종 야구 커뮤니티에서는 한만두와 관련된 숫자를 의도적으로 은근슬쩍 언급하는 매국(?) 행위를 하기도 한다. 박찬호의 아픈 기억도 이제는 팬들에게 웃을 수 있는 추억으로 남은 것이다.

또 다른
'한만두'의 아픔

앞선 절에서 박찬호의 아픈 기억인 한만두에 대해 다뤄보았다. 그런데 한국 야구사를 돌아보면 '만루홈런 두 방'으로 쓰라린 아픔을 겪은 선수가 또 있다. 희귀함으로는 세계 야구사를 통틀어 전무후무할 박찬호의 한만두에 절대 비할 수 없겠으나, 그 쓰라림의 정도는 박찬호보다 이쪽이 더 심했을지도 모른다.

　대한민국 최초의 프로야구 경기는 1982년 3월 27일 동대문야구장에서 열렸다. MBC 청룡(현 LG 트윈스)과 삼성 라이온즈의 맞대결이었으며, 많은 사람들은 우월한 자금력을 바탕으로 경북 출신 스타 선수들을 대거 수집한 삼성이

손쉽게 승리를 거둘 것이라 예상했다. 당시 대통령이던 전두환의 시구로 시작된 경기는 예상대로 삼성의 우세로 흘러갔다.

삼성은 1회초부터 이만수의 KBO 리그 통산 1호 안타와 타점을 앞세워 2점을 선취했고, 2회에도 3점을 더 따내 5:0으로 격차를 벌렸다. MBC가 2회와 4회 1점을 보태 5:2로 추격하자, 삼성이 다시 5회 이만수의 KBO 리그 통산 1호 홈런으로 6:2로 달아났다. 이후 경기는 MBC가 추격하면 삼성이 달아나는 형태로 전개됐다.

7:4, 3점차까지 따라붙은 MBC는 7회말 2사 1, 3루 절호의 기회를 잡았고, 여기서 유승안이 쓰리런홈런을 날리며 경기를 원점으로 돌렸다. 그제야 삼성은 선발 황규봉을 내리고 이선희를 마운드에 올렸다. 이후 양 팀은 득점 없이 연장에 돌입했고, MBC는 10회말 1사 2, 3루 끝내기 기회를 잡았다. 그러나 앞선 동점 쓰리런홈런의 주인공 유승안이 이번에는 3루 땅볼로 물러났고, 삼성 배터리는 다음 타자 백인천을 고의사구로 걸러 만루를 채웠다.

그리고 타석에 선 선수는 실업야구 시절 호타준족 포수로 이름을 날렸던 이종도였다. MBC에는 앞의 유승안을 비롯한 좋은 포수 자원이 많았고 이 경기에서 이종도는 타격

재능을 살리기 위해 좌익수로 선발 출장했다. 잔뜩 긴장한 이선희의 초구와 2구는 모두 볼이 됐고, 카운트를 잡으러 들어가는 3구는 한가운데에 몰리고 말았다. 일발 장타가 있는 이종도는 이 공을 놓치지 않았고, 그대로 좌측 담장을 넘기는 끝내기 만루홈런으로 연결했다.

역사적인 프로야구 첫 경기에서 언더독이 5점차를 뒤집고 끝내기 만루홈런으로 승리하는, 그야말로 영화보다도 더 영화 같은 시나리오가 나온 것이다. 아니, 영화를 이렇게 만들었으면 오히려 식상하다고 욕을 먹었을지도 모른다. 홈런을 친 이종도 입장에서는 평생 잊을 수 없는 짜릿한 프로 커리어의 시작이었다. 첫 단추를 잘 꿴 이종도는 그해 71경기에서 타율 0.324 11홈런 21도루를 기록하며 최고의 한 해를 보냈다.

비록 개막전에서 한 방을 맞았지만 삼성의 전력은 여전히 막강했고, 삼성은 결국 후기 리그 우승을 차지하며 한국시리즈 진출에 성공했다. 사자 군단은 개막전의 악몽에서 완전히 벗어난 듯 보였다. 그러나 그해 한국시리즈는 삼성에게 또 다른 악몽이었다. 삼성은 1차전을 비기고 2차전을 따내며 승기를 잡았으나, OB 베어스(현 두산 베어스)에게 3, 4, 5차전을 모두 내주며 벼랑 끝에 몰렸다. 6차전 선발투수로 삼성이 내세운 선수는 바로 이선희였다.

이선희는 8회까지 3점으로 OB 타선을 틀어막았고, 경기는 3:3으로 팽팽하게 흘러갔다. 그러나 이선희는 결국 9회 2사 만루 위기에서 상대 4번 타자 신경식을 넘지 못했고, 밀어내기 볼넷으로 OB에게 리드를 내주고 말았다. 삼성 입장에서는 패하면 시리즈가 끝나는데 1점을 뒤처지게 됐고, 공격은 9회말 한 번밖에 남지 않은 최악의 상황에 빠졌다. 그러나 바닥에도 더한 밑바닥이 있었고 바로 다음 공에 삼성은 더 나쁜 상황에 몰리게 됐다.

OB 5번 타자 김유동은 이선희의 초구를 노렸고, 그대로 좌측 담장을 넘기는 만루홈런을 작렬시켰다. 개막전에 이어 이선희가 '또' 만루홈런을 허용한 것이다. 경기는 순식간에 8:3으로 크게 벌어졌고, 결국 삼성은 6차전까지 패하며 우승을 OB에게 내주고 말았다. 막강한 자금력으로 초호화 군단을 꾸린 삼성에게는 준우승도 용납할 수 없는 결과였다. 더군다나 시즌의 처음과 끝을 모두 만루홈런을 맞고 패했으니 과정 또한 이보다 기분 나쁠 수 없었다.

반대로 KBO 리그 원년의 흥행에는 더없이 좋은 결과이기도 했다. 극적인 만루홈런 두 방이 원년의 시작과 끝을 화려하게 장식했기에 프로야구는 더 자주 사람들의 입소문을 탈 수 있었다. 이선희와 삼성의 희생(?)이 프로야구를 먹여 살린 셈이다. 이쯤에서 이런 의문이 들 수 있다. '한 시즌에 치명적인 만루홈런을 두 방이나 맞다니, 이선희는 도대체 얼마나 형편없는 투수였을까?' 앞의 일화들만 놓고 보면 나름 그럴듯한 의문이다.

그렇다면 이선희는 정말로 형편없는 투수였을까? 1982년 정규시즌, 이선희는 38경기 167이닝을 던져 15승과 1세이브, 그리고 2.91의 평균자책점(ERA)을 기록했다. 이선희보다 많은 승리를 거둔 투수는 박철순 하나였고, 평균자책점도 리그 7위로 준수했다. 그해 정규시즌만 놓고 봐도 이선희는 절대 형편없는 투수가 아니었다.

그리고 그해 한국시리즈 기록지를 보면 이선희가 어떤 투수였는지를 더욱 잘 알 수 있다. 10월 2일 MBC와의 후기리그 경기에서 1실점 완투승을 거둔 이선희는 불과 이틀만 쉬고 10월 5일 한국시리즈 1차전에 구원으로 나서 5.1이닝 무실점으로 팀의 무승부에 기여했다. 그리고 바로 그다음 날인 한국시리즈 2차전에는 선발투수로 나섰고, 5.2이닝 무실점을 기록하며 승리투수가 됐다.

겨우 이틀을 쉬고 한국시리즈 4차전에 다시 선발로 나선 이선희는 이번에는 5.2이닝 2실점을 기록했으나 팀의 패배를 막지 못했다. 다음 날인 5차전에도 이선희는 구원으로 올라와 5.2이닝 1실점으로 호투했으나 오히려 패전투수가 되고 말았다. 팀이 벼랑 끝에 몰리자 이선희는 단 하루를 쉬고 6차전 선발 등판을 강행했으나 결과는 뼈아픈 만루홈런과 완투패였다.

8일 동안 펼쳐진 한국시리즈 6경기 중 이선희는 5경기에 등판했고, 31.1이닝 동안 무려 425구나 던졌다. 야구에 대한 약간의 배경지식이 있는 사람이라면, 아니 정상적인 사고방식을 가진 사람이라면 이미 느꼈겠지만 아주 심각한 혹사였다. 아무리 우승이 걸린 경기라도, 해도 되는 일과 하면 안 되는 일이 따로 있다. 1982년부터 2024년까지 총 42번의 한국시리즈가 열리는 동안 단일 시리즈에서 이보다 더 많이 던진 선수는 딱 한 명밖에 없다.

이렇게 혹사당하는 와중에도 이선희는 한국시리즈에서 2.87의 준수한 평균자책점을 기록했고, 이조차도 힘이 떨어진 와중에 마지막 6차전에서 김유동에게 만루홈런을 맞아 급격하게 오른 수치다. 김유동에게 만루홈런을 맞기 전까지 이선희의 한국시리즈 평균자책점은 1.74에 불과했다. 그러니까 이선희는 사실 형편없는 투수가 아니라 아주 위대한 투수였다. 팔이 무쇠로 된 것이 아니라면 이보다 더 잘 막아내는 게 불가능했을 것이다.

그렇다면 이쯤에서 또 다른 의문이 들 수 있다. '초호화 군단'이라는 삼성에는 투수가 없었을까? 왜 삼성은 다른 투수들을 놔두고 지친 이선희를 계속 올리는 선택을 할 수밖에 없었던 것일까? 사실 삼성에는 이선희 말고도 좋은 투수가 더 있었다. 황규봉과 권영호 역시 정규시즌에 15승을 올린 특급 투수였고 둘의 평균자책점은 이선희보다도 낮았다.

그럼에도 불구하고 한국시리즈 고비마다 삼성이 이선희를 선택한 것은 그가 단순한 숫자로 설명할 수 없는 당대 최고의 투수였기 때문이다. 사실 이선희의 전성기는 1970년대까지 거슬러 올라가야 한다. 1970년대 이선희는 실업야구 무대의 지배자였다. 여러 타이틀을 휩쓴 것은 물론 노히트노런을 2번이나 기록할 정도로 압도적인 구위를 자랑했고, 최소한 좌완투수 중에는 그의 경쟁자라고 할 만한 선수가 없었다.

그리고 이선희는 국제대회에서는 더욱 강해졌다. 1977년 니카라과 대륙간컵에서 이선희는 대회 MVP에 오르며 우승을 이끌었다. 1980년에 열린 세계선수권에서도 이선희는 대회 올스타 투수로 선정되며 대표팀의 준우승에 공헌했다. 또 일본을 상대로 특히 강해지는 원조 '일본 킬러'이기도 했다.

그러니까 이선희는 단순한 에이스가 아닌 국내와 국제 무대에서 모두 좋은 활약을 보여준 당대 최고의 투수였던 것이다. 한국시리즈라는 중요한 무대에서 위기가 닥쳤는데 '이선희'가 아닌 다른 선수를 올린다? 당시 삼성에게는 상상하기 힘든 일이었을 것이다. 에이스에 대한 의존도가 높고 혹사가 만연하던 시기였기에 삼성은 계속해서 이선희를 마운드에 올렸고, 이선희는 그때마다 버티고 또 버텼지만 결국 마지막에 가서는 무너지고 말았다.

이선희가 이런 시련 이후에도 정상급 기량을 유지했다면 낭만적이었겠지만 현실은 그렇지 못했다. 혹사에 정신적 충격까지 더해진 탓인지 이선희의 평균자책점은 매년 앞자리가 상승했고, 결국 그는 3년 만에 삼성을 떠나야 했다. 아이러니하게도 이선희가 커리어를 마무리한 팀은 그에게 개막전의 아픔을 남겨줬던 MBC 청룡이다. 1985년 이선희는 138이닝 2.28의 평균자책점으로 마지막 불꽃을 태웠고, 2년 뒤 만 32세의 나이로 유니폼을 벗게 된다.

지금이야 32세는 은퇴하기에 이른 나이지만 당시만 해도 운동선수는 서른에 은퇴하는 것이 일반적이었고, 커리어 내내 심한 혹사를 당했던 이선희의 몸 상태로는 현역 생활을 더 이어나가기 힘들었을 것이다. 은퇴 이후 이선희는 친정팀 삼성에서 지도자 생활을 하기도 했다.

눈앞에서 오심으로 날아간 대기록

투수가 한 경기에 세울 수 있는 최고의 기록은 타자를 모두 아웃으로 돌려세우는 퍼펙트게임이다. 하지만 확률적으로만 생각해도 이는 정말 어려운 기록이다. 상대하는 타자들의 출루율을 전부 3할로만 계산해도 퍼펙트게임이 나올 확률은 약 0.006%밖에 되지 않는다. 실제로 투수가 상대하는 타자들은 대부분 출루율이 3할이 넘기 마련이며, 야수의 실책으로 퍼펙트가 깨지는 경우도 있으니 실제 확률은 직접 계산하는 것이 의미 없을 정도로 희박하다.

그 방대한 역사를 자랑하는 메이저리그에서도 퍼펙트게임은 공식적으로 24번밖에 나오지 않았다. 2012년 이례적으로 3차례나 나오기도 했으나, 그 이후 11년 동안 나오지 않다가 2023년 6월 28일 뉴욕 양키스의 도밍고 헤르만이 오클랜드 애슬레틱스(현 애슬레틱스)를 상대로 달성했고, 그 이후로는 다시 나오지 않고 있다.

우리보다 오래 프로야구를 운영한 NPB에서도 퍼펙트 게임은 단 16번밖에 나오지 않은 희귀한 기록이다. 1950년 6월 28일 이팔룡이라는 이름으로도 잘 알려진 재일교포 후지모토 히데오가 처음으로 달성한 바 있으며, 또 다른 재일교포 가네다 마사이치(한국명 김경홍) 역시 1957년에 기록하기도 했다.

KBO 리그에는 아직 공식적으로 퍼펙트게임을 달성한 선수가 없다. 송진우, 정민철, 배영수 등 수많은 레전드들이 이 기록에 도전했으나 볼넷과 동료의 실책이 발목을 잡았다. 2022년 개막전에는 SSG 랜더스의 윌머 폰트가 NC 다이노스를 상대로 9이닝 퍼펙트를 기록했으나 경기가 연장으로 향하는 바람에 공식 기록으로 인정받지 못했다. 현재까지는 2011년 9월 17일 퓨처스리그에서 이용훈이 한화를 상대로 달성한 것이 그나마 유일한 기록이다.

워낙 어려운 기록이다 보니 기록 달성 직전에 아쉽게 실패하는 경우도 적지 않다. 다르빗슈 유나 맥스 슈어저는

9회 2아웃까지 퍼펙트를 유지하다가 각각 안타와 사구를 허용하며 실패한 바 있고, 커쇼는 경기 내내 단 하나의 안타나 사사구도 허용하지 않았지만 핸리 라미레스의 실책으로 인해 무사사구 노히트노런에 만족해야 하기도 했다.

하지만 지금까지 나온 퍼펙트게임의 실패 사례 중 아르만도 갈라라가의 실패 사례보다 더 비극적인 것은 없을 것이다. 9회 2아웃까지 퍼펙트를 유지하던 갈라라가는 27번째 타자에게 1루수 방향 느린 땅볼 타구를 유도했고, 1루 베이스 커버를 들어가 1루수의 송구를 받고 타자보다 빠르게 1루 베이스를 밟았다. 그러나 경기는 그대로 끝나지 않았다.

사실 갈라라가는 비교적 평범한 커리어를 보낸 선수다. MLB에서 6시즌을 보내면서 정확히 100경기에만 등판했고, 542이닝을 던지며 26승 34패 4.78의 평균자책점을 기록했다. 2008년 디트로이트에서 13승과 3.78의 평균자책점을 기록한 것이 그나마 커리어 하이에 해당하는 성적이었다. 메이저리그에서 공 하나를 던지는 것도 쉬운 일은 아니지만 냉정히 말해 수많은 메이저리거 사이에서 이 정도 커리어를 아주 돋보인다고 하기는 어렵다.

하지만 갈라라가에게도 인생 최고의 날이 될 뻔했던 하루가 있었다. 디트로이트 타이거즈 소속으로 홈에서 클리블랜드 인디언스(현 클리블랜드 가디언스)를 상대로 선발로 나선 2010년 6월 2일이 바로 그날이었다. 상대 선발투수는 로베르토 에르난데스로 이 당시에는 신분을 위조해 파우스토 카르모나라는 가명을 사용하고 있었다. 또한 이날 클리블랜드의 2번 타자 우익수는 바로 추신수였다.

1회와 2회, 갈라라가는 추신수가 포함된 클리블랜드의 첫 6타자를 전부 범타로 돌려세웠다. 그사이에 디트로이트는 2회말 4번 타자 미겔 카브레라의 솔로홈런으로 1:0으로 앞서기 시작했다. 하지만 상대 선발 에르난데스 역시 해당 시즌 아주 좋은 활약을 보여주고 있었고, 이 홈런 이후에는 다시 안정을 찾고 실점을 최소화하며 투구를 이어갔다.

3회말 2사 후 타순이 한 바퀴 돈 디트로이트는 1번 타자 오스틴 잭슨이 우전 안타로 출루하고 2루를 훔치는 데 성공했으나, 2번 타자 자니 데이먼이 2루 땅볼로 물러나며 추가 득점에 실패했다. 4회초 클리블랜드 역시 타순이 한 바퀴 돌았으나 갈라라가는 1번 타자 트레버 크로우를 땅볼, 2번 타자 추신수를 뜬공으로 돌려세우고 3번 타자 오스틴 컨스에게서 이날 경기 자신의 첫 삼진을 잡아냈다.

이후에도 팽팽한 투수전은 계속됐다. 디트로이트는 5회 2사 후 알렉스 아빌라가 좌전 안타를 치고 나갔지만 추가 득점에 실패했고, 7회에는 카브레라와 브레넌 보슈가 연속 안타를 치며 무사 1, 2루 기회를 잡았지만 브랜든 잉게가 병살로 물러나며 역시나 추가 득점에는 실패했다. 물론 이때까지 디트로이트의 선발 갈라라가는 단 한 명의 클리블랜드 타자에게도 출루를 허용하지 않고 있었다.

점수판에 다시 0이 아닌 다른 숫자가 새겨진 것은 8회 말이었다. 디트로이트는 2사 후 아직까지 마운드에 버티고 있던 상대 선발 에르난데스에게 잭슨과 데이먼이 연속 안타를 뽑아내며 기회를 잡았다. 그리고 3번 타자 매글리오 오도네즈의 우중간 적시타 때 우익수 추신수의 실책이 겹치면서 1루 주자까지 홈에 들어와 3:0으로 달아났다. 이후 에르난데스는 카브레라를 삼진으로 잡아내고 8이닝 3실점 2자책으로 이날의 투구를 마무리했다.

9회초 시작을 앞두고 디트로이트는 노장 데이먼을 빼고 좌익수 대수비로 돈 켈리를 투입했다. 아직 단 한 명의 클리블랜드 타자도 출루시키지 않은 선발 갈라라가의 대기록을 지키기 위한 수비 강화였을 것이다. 갈라라가는 선두 타자 마크 그루질라넥에게 큼지막한 타구를 허용했으나 중견수 잭슨이 이 타구를 멋진 호수비로 잡아냈다. 다음 타자인 마이크 레드먼드도 유격수 땅볼로 잡아냈고 대기록까지는 단 하나의 아웃 카운트만 남은 것처럼 보였다.

그리고 갈라라가는 9번 타자이자 이날 자신이 상대한 27번째 타자 제이슨 도널드에게 1루 땅볼을 유도했다. 1루수 카브레라는 이 공을 잡아 베이스 커버를 들어온 갈라라가에게 던졌고, 공을 받은 갈라라가는 명확하게 타자 도널드보다 빨리 1루 베이스를 밟았다. 하지만 믿을 수 없게도 1루심 짐 조이스는 세이프를 선언했다.

당연히 짐 릴랜드 감독과 많은 디트로이트 선수들이 항의했지만, 이 당시 메이저리그 규정상으로는 비디오 판독도 실시할 수 없었고 결국 판정은 번복되지 않았다. 그리고 항의하는 사이 도널드는 3루까지 내달렸다. 정말 누가 봐도 1루에서 아웃인 상황이었지만 1루심이 세이프를 선언한 이상 기록원은 안타 혹은 실책을 부여해야 했기에 해당 타구는 도널드의 내야 안타로 기록됐고 그렇게 갈라라가의 퍼펙트게임과 노히트노런은 모두 무산됐다.

도저히 제정신으로 공을 던지기 힘든 기분이었겠지만, 마음을 가다듬은 갈라라가는 2사 3루 위기에서 다음 타자 크로우를 3루 땅볼로 처리하며 공식적으로는 1피안타 완봉승을 달성했다. 상대 선발 에르난데스 역시 호투를 펼치고도 비자책점이 포함된 불운한 완투패를 당했지만, 최소한 자신이 갈라라가보다 불운하다고 느끼진 않았을 것이다.

경기 후 갈라라가의 퍼펙트게임을 인정해야 한다는 많은 목소리가 있었다. 보통 오심을 정정할 때는 경기의 재구성이 문제가 되지만, 이번 사례의 경우 갈라라가가 1루 베이스를 밟은 순간 경기가 끝난 것으로 판단하면 되니 경기의 재구성 역시 그리 어렵진 않았다. 하지만 오심도 경기의 일부, 결국 갈라라가의 퍼펙트게임이 인정되는 일은 없었다. 하지만 그가 퍼펙트게임을 달성하지 못했다고 생각하는 야구팬은 없을 것이다.

다음 날 역시 같은 매치업을 전날과 같은 심판조가 담당하게 됐고, 문제의 판정을 내린 조이스는 주심으로 배정되어 침울한 표정으로 그라운드로 걸어 나왔다. 원래 라인업 카드는 감독이 들고 나오는 것이 일반적이지만 디트로이트의 라인업 카드를 들고 나온 이는 갈라라가였다. 그렇게 두 사람은 라인업 카드와 사과를 주고받았다.

그 순간엔 최악의 심판이었지만 평소의 조이스는 좋은 심판이었기에 여전히 그라운드에서 선수들의 존중을 잃지 않았다. 그리고 그 순간 심판으로서는 최악이었지만 인간 조이스는 최악과는 아주 거리가 멀었고, 2012년에는 애리조나 다이아몬드백스의 직원을 심폐소생술로 살려내기도 했다. 그가 대기록과 생명을 모두 살려냈으면 더 좋았을 것이다. 그러나 갈라라가에겐 미안하지만 조이스가 살려낸 하나가 생명이라는 사실은 너무나 다행이다.

통산 1승 15패의 '슈퍼스타'

최고의 선수 플레이를 보는 것은 생각보다 쉽다. 종목을 막론하고 최고의 선수를 보유한 감독들은 혹사라는 비판을 최대한 피하는 선에서, 혹은 정말 중요한 경기라면 혹사라는 비판에도 아랑곳하지 않고 해당 선수를 최대한 많이 기용하려고 할 것이다. 해당 선수가 보고 싶은 팬들은 그저 TV를 틀거나 경기장에 가기만 하면 된다. 감독은 높은 확률로 그 선수를 기용할 것이다.

반면 최악의 선수 플레이를 보는 것은 생각보다 어렵다. 종목을 막론하고 최악의 선수를 보유한 감독들은 혹사 따위는 전혀 신경 쓸 필요 없이, 중요한 경기라면 특히 더

더욱 해당 선수를 최대한 적게 기용하려고 할 것이다. 해당 선수가 보고 싶은 팬들은 감독이 정신이 나갔기를 기도하며 TV를 틀거나 경기장에 가야 할 것이다. 그래도 감독은 높은 확률로 그 선수를 기용하지 않을 것이다.

그런데 사실 최악의 선수라는 호칭이 그 선수에게 붙는 것이 타당한지부터 따져봐야 한다. 일단 출전할 가능성이 있는 선수라는 점에서부터 1군 엔트리에는 등록이 됐다는 뜻이고, 1군 엔트리에 등록이 됐다는 점에서 이미 2군에 있는 수많은 선수를 제친 것이다. 그렇다면 최소한 2군에 있는 선수들보다는 나은 그 선수를 과연 최악의 선수라고 부를 수 있을까?

그리고 2군에 있는 선수들도 2군에 오기까지 수많은 경쟁자를 제친 선수들이다. 2025년 KBO 신인 드래프트에 참가한 1197명의 선수 중 단 110명만이 프로구단의 지명을 받았다. 그러니까 드래프트에 참가한 인원의 90%는 프로에 입단조차 하지 못한 것이다. 드래프트에 참가할 엄두조차 내지 못한 인원까지 포함한다면 2군에 있는 선수들 역시 정말 극심한 경쟁을 뚫고 2군의 자리를 잡았다고 할 수 있다.

그러니까 1군에서 보이긴 하지만 그중 가장 떨어지는 기량으로 우리의 비난을 독식하는 선수들은 사실 정말 많은 경쟁에서 승리한 선수들이다. 그 수많은 경쟁을 이긴 선수를 최악의 선수라고 부르는 것은 그다지 적절하지 않을지도 모른다. 하지만 그들은 1군에 도달하기까지 그 많은 경쟁을 이기고도 1군에서 벌어지는 대부분의 경쟁에서는 패하며 불운하게도 결국 '최악의 선수'라는 우리의 비난에 직면하게 된다.

영화, 드라마, 책 역시 최악의 선수들보다는 최고의 선수를 더 많이 다루기 마련이다. 필자가 쓰고 있는 지금 이 책도 대부분 최고의 선수들이 남긴 최고의 기록들을 위주로 다루고 있다. 하지만 한국 야구 영화 중에서도 '최악의 선수'를 다룬 유명한 영화가 있다. 바로 〈슈퍼스타 감사용〉이다.

감사용은 KBO 통산 61경기 182이닝 동안 6.08의 평균자책점을 기록했고, 15패를 당하는 동안 고작 1승과 1세이브만을 거뒀다. 238피안타와 32피홈런, 그리고 59볼넷과 5개의 몸에 맞는 공 및 6개의 폭투를 허용하는 동안 잡은 삼진은 단 47개에 불과하다. 기록만 놓고 보면 과연 'KBO 역사상 최악의 선수'라는 호칭에 어울릴지도 모른다.

하지만 우리는 앞에서 이야기했던 사실들을 떠올려야 한다. 감사용은 무려 182이닝이나 던졌다는 점에서 아주 많은 경쟁자를 제친 것이다. 정말 많은 투수가 1군에서 공

하나조차 던져보지 못하고 유니폼을 벗는다. 그들에 비하면 182이닝을 던진 감사용은 아주 성공한 선수 생활을 한 것이다.

우연히 1군에서 공 하나를 던지는 데 성공하더라도 타자를 잡아내는 것은 또 다른 문제이다. KBO 리그 역사에는 1군에 등판한 기록은 있지만 타자나 주자를 아웃시키지는 못해 소화 이닝이 0인 선수도 10명이 있다(여담이지만 여기에는 KBO 통산 홈런 1위 최정도 포함된다). 감사용이 182이닝을 던졌다는 것은 결국 546명의 타자 혹은 주자를 잡아낼 정도로 실력도 좋았다는 뜻이 된다.

1승과 1세이브라는 기록 또한 초라해 보이지만, 마찬가지로 1승을 거두는 것 역시 쉬운 일은 아니다. 본인의 실력은 물론 경기 상황, 그리고 운까지 따라줘야 승리투수가 되는 것이 가능하다. 통산 100이닝을 넘게 던지고도 단 1승도 거두지 못한 선수도 2명이 있다(박성호, 하준호). 그에 비하면 1승이라도 거둔 감사용의 커리어는 마냥 불운했다고도 할 수 없을 것이다.

감사용의 통산 첫 승은 의외로 빨리, 무려 데뷔 첫해 단 13경기 만에 기록됐다. 1982년 5월 23일 롯데 원정에서 구원 등판한 감사용은 6.1이닝을 3실점으로 막았고 팀이 5:3

으로 승리하며 승리투수가 됐다. 구원 등판이긴 해도 선발투수의 퀄리티 스타트 이상에 해당하는 준수한 투구를 보여줬기에 승리투수의 자격은 충분했다. 하지만 이 승리는 그의 커리어 마지막 승리가 됐다.

감사용의 통산 첫 세이브는 1982년 8월 19일 해태와의 홈경기에서 기록됐다. 7.1이닝을 던진 선발투수 김재현을 8회초에 구원 등판한 감사용은 남은 1.2이닝을 무실점으로 막아냈고, 팀은 8회말에 2점을 더해 감사용의 어깨를 가볍게 하며 6:2 승리를 거뒀다. 이 역시 감사용의 커리어 마지막 세이브였다.

감사용은 통산 1승과 1세이브만 기록했지만, 그가 꼭 그 정도 수준의 활약만 선보인 선수는 아니었다. 감사용은 통산 61번의 등판 중 17번의 등판에서 0.1이닝 이상을 투구하고 무자책을 기록했다. 감사용이 운이 좋았다면 통산 1승 1세이브가 아닌 16승 1세이브 혹은 그보다 더 좋은 승패 기록을 가진 선수가 됐을지도 모른다.

1982년 6월 16일, OB 원정에서 구원 등판한 감사용은 4이닝 무실점을 기록했지만 팀은 4:5로 패했다. 같은 해 7월 18일 MBC와의 홈경기에서 선발 등판한 감사용은 9이닝을 무자책으로 막았지만 야수들의 실책으로 2실점을 내주고 타선 지원은 전혀 받지 못해 팀이 0:2로 패하며 패전투수가 됐다. 3일 후 해태와의 홈경기에서는 선발로 나서 무실점을 기록했지만 5이닝 소화에 아웃 카운트 하나가 모자라 승리투수가 되지 못했다.

이러한 투구들을 하고도 감사용이 승리투수가 되지 못한 이유에는 그가 당대 최약체인 삼미 슈퍼스타즈에서 뛰었기 때문인 것도 있을 것이다. 하지만 당시 KBO 리그의 전체 평균자책점이 3점대를 벗어나지 않았던 것에 반해 감사용은 통산 6점대의 높은 평균자책점을 기록했다. 이런 기량으로는 다른 팀에선 기회를 얻기도 어려웠을 것을 감안하면 감사용이 삼미에서 뛴 것 역시 마냥 불운했다고 할 수는 없을 것이다.

고작 통산 1승 1세이브를 거두는 동안 15패나 당한 것 역시 초라해 보이지만, 패전투수도 아무나 될 수 있는 것은 아니다. 선발투수나 중요한 접전 상황에서 등판한 불펜투수만이 패전투수가 될 수 있다. 정말 팀 내 비중이 낮은 선수라면 이미 승패가 사실상 결정된 경기에 등판하기 때문에 패전투수가 될 기회조차 얻지 못한다.

실제로 감사용의 통산 15패 중 14패는 1982년에 나왔는데, 그해 감사용의 133.2이닝 투구와 41경기 등판, 16번의 선발 등판은 모두 팀 내 2위에 해당했다. 1982년 삼미는 15승 65패를 기록했으며 팀 평균자책점은 6.23에 육박했다. 감사용은 그보다 살짝 높은 6.46을 기록했으니 감사용은 팀 내에서는 마냥 나쁜 투수도 아니었다. 팀 내에서는 나름 괜찮은 투수라 선발 등판이 많고 중요한 경기에 등판을 많이 해서 패전도 많이 당했던 것이다.

1985년 7월 26일 감사용은 OB와의 홈경기에 구원 등판해 6.1이닝을 무실점으로 막아 팀이 2:2 무승부를 기록하는 데 공헌했다. 이 경기가 상대팀 김성근 감독에게는 인상 깊었는지 감사용은 그다음 해 OB로 이적하게 된다. 김성근 감독의 시즌 운영에는 일단 투수가 많이 필요하기도 했으며, 감사용이 희소성 있는 좌완투수였기 때문이기도 했을 것이다. 어찌 됐거나 2개 이상의 팀이 원했다는 것은 선수에게는 꽤나 기분 좋은 일이다.

1986년 6월 6일, 해태 원정에서 구원 등판한 감사용은 3이닝 1실점의 준수한 투구를 선보였으나 팀이 2:6으로 패하며 승리나 세이브는 기록하지 못했다. 이 경기가 그해 감사용의 유일한 등판이었고 OB에서의 유일한 등판이자 커리어 마지막 등판이었다.

냉정히 말해, 그다지 수준이 높지 않았던 1980년대

KBO 리그에서 6점대의 높은 통산 평균자책점을 기록한 감사용은 '최고의 선수'나 '슈퍼스타'와는 거리가 멀 것이다. 하지만 최약체 팀에서 분전하며 때때로 좋은 투구를 보여주고, 승리투수가 되거나 세이브 투수가 되기도 했던 감사용을 선뜻 '최악의 선수'라고 비난하고 싶지 않은 것은 필자만의 마음은 아닐 것이다.

사실 오늘날의 야구 선수들도 그렇다. 저마다 각자의 사정이 있는 와중에도 절박한 심정으로 분전하는 선수들이 많다. 비단 야구 선수들에게만 해당하는 이야기가 아니기도 하다. 필자도 이 책의 원고 기한을 맞추기 위해 절박한 심정에 새벽 밤을 지새우곤 했다. 부디 서로가 가진 절박함을 이해하고 비난의 말보다는 격려와 칭찬의 말을 주고받을 수 있는 따뜻한 야구계, 그리고 우리 사회가 됐으면 한다.

2장

꾸준함의 화신들

무엇보다 가치 있는 1278번의 인내심

2010년 은퇴하던 시점에서 양준혁은 그야말로 KBO 통산 기록의 대다수 부문에서 1위를 차지하고 있었다. 경기(2135), 타석(8807), 타수(7332), 득점(1299), 안타(2318), 2루타(458), 홈런(351), 총루타(3879), 타점(1389), 볼넷(1278), 고의사구(150) 등 무려 11개의 부문에서 양준혁은 통산 1위에 올라 있었다. 양준혁이 얼마나 꾸준하면서 압도적이었는지를 알 수 있다.

그러나 양준혁은 대졸로 데뷔했고, 한 시즌 경기수가 130경기 내외로 적던 시기에 활동했다. 자연히 고졸로 데뷔해 한 시즌 144경기를 뛰는 후배들에게 하나둘 자신의 기록을 내어줄 수밖에 없었다. 2024년 종료 시점에서 경기(2369)는 강민호, 타석(9438)·득점(1461)·홈런(495)·총루타(4197)는 최정, 타수(8139)는 박용택, 안타(2511)는 손아섭, 2루타(513)와 타점(1651)은 최형우 등이 양준혁을 넘어서고 1위에 올라서 있다.

하지만 양준혁이 아직도 여전히 1위를 지키고 있는 부분이 있으니, 그것은 바로 볼넷과 고의사구다. 통산 볼넷 2위는 뛰어난 선구안으로 2010년대 초중반 출루율 타이틀을 독식하던 김태균(1141)으로 양준혁과 137개 차이가 나며, 이제는 김태균도 은퇴했기 때문에 양준혁을 따라잡을 수 없게 됐다. 2년 동안 일본에 다녀오긴 했지만, 고졸로 데뷔해 커리어의 상당 부분을 144경기 체제에서 뛴 '출루머신' 김태균조차 양준혁을 따라잡지 못한 것이다.

통산 볼넷 10위권 안에 있는 선수 중 현역 선수는 단 3명으로 3위에는 최형우(1130), 5위에는 최정(1037), 7위에는 김현수(1014)가 위치해 있다. 이 중 최형우는 만 40세가 넘어 당장 내일 은퇴를 선언해도 이상하지 않은 상황이며, 1987년생인 최정과 1988년생인 김현수도 그리 적은 나이가 아니다. 최형우는 2시즌, 최정과 김현수는 4시즌 정도를 더 뛰어야 양준혁의 기록에 도전할 수 있는 상황이다.

2장 | 꾸준함의 화신들

볼넷은 그 위력을 체감하지 못하는 팬들이 많다. 볼넷을 투수와 타자의 무승부 정도로 인식하는 경우도 있다. 하지만 이러한 인식은 틀렸다. 타자가 볼넷을 얻어낸 것은 투수를 상대로 완승을 거둔 것에 가깝다. 27개의 아웃 카운트라는 판돈을 걸고 하는 도박인 야구에서 아웃 카운트를 절약하고 주자를 만드는 볼넷의 가치를 결코 무시해서는 안 된다.

통계적으로 보통 단타의 가치를 0.48점 정도로 추산하는데, 볼넷의 가치는 그 60% 이상인 0.3점에 육박한다. 주자가 없을 때 나오는 볼넷은 사실상 단타와 같은 가치를 지닌다. 9회말 2아웃에 나오는 끝내기 홈런에 열광하는 사람은 많지만, 경기 중 다른 선수가 얻어낸 볼넷이 없었으면 애초에 그 끝내기 홈런은 기회조차 오지 않았을 거라는 사실을 인식하는 사람은 잘 없다.

양준혁은 어마어마한 누적 성적을 기록했지만, 유독 단일 시즌의 임팩트가 약했다는 인식이 있으며 MVP 수상도 하지 못했다. 아마 볼넷을 많이 얻어내는 양준혁의 플레이 스타일도 이러한 인식에 기여했을지 모른다. 하지만 아는 만큼 보인다고 하지 않았던가. 볼넷의 가치를 아는 사람이라면 결코 양준혁의 성적을 저평가할 수 없다.

사실 양준혁의 단일 시즌 임팩트가 약했다는 주장은 설득력이 아주 떨어진다. 양준혁은 통산 OPS(On-base Plus Slugging, 출루율+장타율)부터가 매년 MVP를 경쟁할 수 있는 수준으로 높았다. 양준혁의 통산 OPS는 무려 0.950에 육박하는데, KBO 역사에는 이보다 낮은 OPS를 기록하고도 MVP를 수상한 타자가 3명이나 있다. 양준혁은 단일 시즌 임팩트가 약했다는 주장보단 차라리 양준혁은 커리어 내내 아주 임팩트 있는 선수였다는 주장이 훨씬 더 사실에 가까울 것이다.

양준혁은 1993년 커리어 첫해부터 타율, 출루율, 장타율 타이틀을 모두 석권하며 MVP를 받아도 이상하지 않은 성적을 올렸다. 하지만 팀 선배 김성래가 홈런과 타점 타이틀을 모두 가져가며 그에게 MVP를 사실상 양보하게 됐다. 김성래(28홈런 91타점 OPS 0.939)는 양준혁(23홈런 90타점 OPS 1.034)보다 겨우 5홈런과 1타점만 앞서고 OPS는 거의 0.1가량 낮았다. 만약 사람들이 야구 통계에 관심이 많아진 최근이었다면 양준혁이 MVP가 됐을 것이다.

이외에도 양준혁이 MVP를 수상하지 못했던 이유에는 이승엽과 전성기가 겹쳤기 때문인 것도 있다. 이승엽은 일본 진출 이전에만 무려 5번의 MVP를 수상했다. 하지만 이

것이 양준혁이 이승엽보다 한 수 아래였다는 것을 의미하지는 않는다. 이승엽은 홈런이라는 무기가 있어 MVP 경쟁에서 유리했을 뿐, 실질적인 성적은 양준혁이 이승엽에게 크게 밀리지 않았다.

양준혁의 볼넷 기록은 그가 당한 삼진 기록과 같이 놓고 보면 더욱 경이로워 보인다. 양준혁은 통산 1278볼넷을 얻어내는 동안 고작 910삼진밖에 당하지 않았다. 그가 통산 351홈런과 장타율 0.529를 기록한 걸 감안하면 믿기지 않는 수준이다. 2002년 한 해를 제외하면 삼진이 볼넷보다 많았던 시즌이 없고, 만 37세 시즌인 2006년에는 103볼넷을 얻어내는 동안 겨우 43삼진밖에 당하지 않았다.

양준혁이 또 통산 1위를 차지하고 있는 부문은 바로 고의사구인데, 이 부문 역대 2위인 김기태는 양준혁보다 21개 적은 129개를 얻었으며 역시나 이미 오래전에 은퇴한 선수다. 이 부문 현역 1위인 최형우는 양준혁보다 56개 적은 94개로 아직 세 자릿수에 도달하지 못했다. 최형우의 나이를 고려했을 때 양준혁을 따라잡는 것은 불가능하며, 그 아래에 있는 선수들의 경우도 양준혁을 따라잡는 것은 요원해 보인다.

양준혁의 고의사구 기록이 놀라운 이유는 그가 상당 기

간 이승엽과 같이 뛰었기 때문이다. 비단 이승엽만이 아니다. 사실 최근에는 비교적 야구단에 투자를 줄인 삼성이지만, 과거의 삼성은 리그에서 가장 투자를 많이 하는 팀이었고 그 투자는 대부분 타선 쪽에서 이뤄졌다. 강타자라면 일단 데려온 후 포지션을 끼워 맞추는 식이었다. 그런 와중에도 양준혁은 자리를 잃기는커녕 오히려 그들보다 더한 위압감으로 고의사구를 얻어냈다.

자신이 얻어내는 볼넷의 가치를 잘 알던 양준혁은 항상 자신의 볼넷 기록을 자랑스러워했다. 1278번 걸어 나가는 동안 양준혁 역시 누구보다도 치고 싶었을 것이다. 하지만 양준혁은 그때마다 인내하는 데 성공했고, 그때마다 충분히 가치 있는 결과를 만들어냈다.

계속되는 악바리의 전력질주

KBO 통산 안타 1위 자리는 오랜 기간 양준혁이 지켜왔다. 2007년 6월 9일 KBO 역대 최초로 2000안타를 달성한 양준혁은 이후 2010년까지 318개의 안타를 추가하고 은퇴했다. 이후 그 기록은 박용택이 이어받았다. 2018년 6월 23일 2319번째 안타를 기록하며 양준혁의 기록을 넘어섰고, 2020년까지 2504안타를 기록하고 2022년 은퇴식을 가졌다.

그리고 그 기록은 2024년 손아섭에게로 넘어왔다. 손아섭은 2024년 6월 20일 2505번째 안타를 기록하며 박용택을 제치고 KBO 역사상 가장 많은 안타를 때린 선수가 됐다. 손아섭이 2024년까지 기록한 2511개의 안타가 현재

KBO 리그의 통산 최다 안타 기록이다.

손아섭의 이러한 기록 달성 배경에는 역시 투철한 자기관리를 바탕으로 한 꾸준함이 있을 것이다. 손아섭은 평소 술은커녕 탄산음료조차도 입에 잘 대지 않는 것으로 유명하다. 그러한 자기관리를 통해 9년 연속 3할 타율, 8년 연속 150안타, 14년 연속 100안타 등등 다른 선수들에게는 커리어 하이에 해당하는 성적을 10년 이상 꾸준하게 이어왔고, 그렇게 1년 1년 쌓인 기록들은 그를 최고의 자리에 올려놨다.

손아섭은 2007년 4월 11일 프로에 데뷔했고, 그날 2511개 중 첫 번째 안타를 기록했다. 2008년에는 '노 피어 야구'를 지향하던 제리 로이스터 감독의 눈에 들어 적지 않은 출장 기회를 보장받았고 0.303의 타율과 68안타를 쳐내고 신인왕 후보에 오르기도 했다. 특히 4월 25일에는 오승환을 상대로 대타로 나서 볼넷으로 출루하고 결승 득점을 올리며 롯데 팬들에게 자신의 이름 석 자를 각인시켰다.

2009년에는 부진한 모습을 보였으나, 2010년에는 롯데의 주전 좌익수 자리를 차지하며 타율 0.306과 129개의 안타를 기록하고 9년 연속 3할 타율과 14년 연속 100안타의 시작을 알렸다. 이어 2011년에는 0.326의 타율과 144안타를 기록했고, 커리어 첫 외야수 골든글러브를 수상하며 최고의 한 해를 보냈다. 하지만 커리어에서 가장 아쉬운 순간 중 하나를 만들기도 했다.

2011년 10월 16일에 열린 플레이오프 1차전, 4타수 3안타를 기록하던 손아섭은 9회말 6:6 동점 1사 주자 만루 절호의 끝내기 찬스에 타석에 들어섰다. 자신만만하게 정우람의 초구를 끌어당겼으나 2루수 정면으로 가는 6-4-3 병살타가 되고 말았고, 결국 끝내기 기회를 놓친 팀도 6:7로 패했다. 결국 롯데는 SK에 5차전까지 가는 접전 끝에 시리즈 스코어 2:3으로 패해 12년을 기다린 한국시리즈 진출에 실패했다.

중요한 경기에서 중요한 찬스를 병살타로 날려버린 건 분명 아쉬운 모습이었다. 하지만 손아섭의 정규시즌 활약상과 해당 경기에서의 3안타가 없었더라면 애초에 그 상황이 오지 않았을지도 모른다. 롯데가 이후로 좋지 않은 팀 성적을 보이며 한국시리즈에서 멀어졌기에 손아섭의 그 장면이 더욱 자주 회자되기도 한다. 손아섭 본인만큼은 우승팀의 중심타자로도 손색이 없는 좋은 성적을 꾸준히 계속 기록했기에 더욱 억울한 면도 있다.

저 장면 하나 때문에 손아섭에게는 평생 '찬스에 약한 타자' 혹은 '이기적인 선수'라는 오명이 따르기도 했다. 하지만 통계는 거짓말을 하지 않는다. 3할 타율을 기록한 시즌에는 매년 득점권 타율도 3할 이상을 기록한 손아섭을 두고 찬스에 약하다는 것은 억지에 가까울 것이다. 또 내야 땅볼을 쳐도 항상 1루로 전력질주하는 모습으로 '악바리'라고 불리며 타 팀 팬들까지 매료시키던 손아섭을 두고 이기적이라고 일컫는 비난 역시 사실과는 거리가 멀어 보인다.

플레이오프의 아쉬움을 딛고 맞은 2012년에도 손아섭의 성적은 훌륭했고, 0.314의 타율과 158안타를 치며 2년 연속 골든글러브, 그리고 커리어 첫 최다 안타 타이틀을 수상했다. 2013년에는 0.345의 타율과 172안타를 치며 3년 연속 외야수 골든글러브와 2년 연속 최다 안타 1위에 올랐다. 팀 내 공격 전 부문 1위에 올랐으나 팀은 포스트시즌에 나가지 못했고, 시즌 마지막 날에 LG 이병규에게 타격왕을 내준 것이 아쉬움으로 남았다.

2014년에는 0.362의 타율과 175안타를 기록하며 종전 본인의 최고 타율 및 최다 안타를 모두 경신하고 4년 연속 외야수 골든글러브 수상에도 성공했다. 2016년에는 KBO 역대 단일 시즌 최다 타석에 해당하는 672타석에 들어서는 내구성을 보여줬고, 0.323의 타율과 186안타를 기록했다.

2017년에는 커리어 첫 20홈런-20도루를 기록하며 호타준족으로의 면모도 과시했고, 타율 0.335와 192안타를 기록하며 커리어 세 번째 최다 안타 타이틀과 다섯 번째 골든글러브도 수상했다. 이외에도 팀을 5년 만에 포스트시즌으로 이끌고 4년 98억 원이라는 FA 대박을 터뜨리는 등 여러 호재가 겹친 시즌이었다.

2018년에도 손아섭은 0.329에 182안타, 그리고 2년 연속 20-20을 달성하며 맹활약했다. 그러나 2019년에는 0.295의 타율과 151안타에 그치며 10년 연속 3할 타율에는 실패하고 말았다. 이전에도 양준혁(1993~2001), 장성호(1998~2006) 등 수많은 강타자들이 10년 연속 3할 타율에 도전했으나 손아섭과 마찬가지로 9년 연속에 그쳤고, 박용택(2009~2018) 혼자만 10년 연속 3할 타율이라는 기록을 보유하고 있다.

2020년 반등에 성공했던 손아섭은 FA 계약의 마지막 해인 2021년 다시 시즌 초반 부진을 면치 못했다. 시즌 후반 반등을 이뤄내며 0.319의 타율과 173안타로 시즌을 마무리했지만, 떨어진 수비력과 장타력 등은 그의 가치에 의구심을 들게 했다. 그리고 결국 롯데 자이언츠 성민규 단장의 선택은 그와의 재계약을 포기하는 것이었다.

NC와 손아섭의 계약이 4년 64억 원으로 합리적인 수준이었고, 선수들은 보통 금액차가 크지 않을 경우 원소속팀 잔류를 선택한다는 것을 고려할 때 롯데가 제안한 금액은 그보다 한참 못 미치는 수준이었을 것으로 추정된다. 손아섭이라는 선수가 그간 롯데에 공헌한 것을 고려하면 여러모로 이해하기 어려운 상황이었다.

팬들의 원성에 성민규 단장이 내놓은 해명은 상황을 악화시켰다. 플래툰 시스템으로 손아섭을 대체하겠다는 그의 설명은 여러모로 설득력이 느껴지지 않았다. 그가 대체자로 제시한 선수들의 성적은 표본이 부족했고, 그마저도 BABIP(인플레이 타구의 타율)을 고려했을 때 신뢰하기 어려운 수치임이 분명했다.

결국 NC와 롯데, 손아섭과 성민규 단장의 희비는 극명하게 엇갈렸다. 2023년, 손아섭은 타율 0.339에 187안타를 기록하며 네 번째 안타왕과 여섯 번째 골든글러브, 그리고 생애 첫 타격왕까지 수상하는 최고의 한 해를 보냈다. 손아섭의 활약에 힘입은 NC는 포스트시즌 진출에 성공했고, 포스트시즌에서도 두산과 SSG를 연달아 격파하며 돌풍을 일으켰다. 반면 성민규 단장은 단 한 차례의 포스트시즌 진출도 이루지 못하고 2023년 시즌 후 롯데를 떠나야 했다.

손아섭은 단순히 현재 기량만으로 설명할 수 있는 선수가 아니었다. KBO 통산 최다 안타 기록을 경신할 것이 유

력했고 또 실제로 경신했으며, KBO 통산 3000안타를 기록
할 확률이 가장 높은 선수이기도 하다. 이런 선수를 원클럽
맨으로, 그리고 영구결번으로 보유하게 될 경우 성적 이상
의 가치를 창출할 수 있게 됨과 동시에 팬들에게도 자부심
을 안겨줄 수 있었다. 그러나 롯데는 그런 기회를 놓치고 말
았다.

　손아섭은 2025년 만 37세 시즌을 맞게 된다. 3000안타
까지는 489개가 남았고 그의 나이를 고려했을 때 결코 쉽지
만은 않아 보인다. 하지만 손아섭이 그간 보여준 기량과 자
기관리를 고려했을 때 마냥 불가능해 보이지는 않는다. 과
연 '악바리'의 전력질주는 어디까지 계속될 수 있을까.

팀을 위해 참아낸
348번의 아픔

KBO 리그는 한 시즌 144경기 체제로 이뤄지며 역사는 이 제 겨우 40년 남짓에 불과하다. 40여 년이 짧은 세월은 아 니며, 필자가 살아온 시간보다 훨씬 긴 시간이긴 하지만 비 교 대상을 메이저리그의 역사로 잡으면 얘기가 달라진다. 심지어 메이저리그는 무려 1년에 162경기를 치른다. 그러다 보니 KBO 리그의 누적 기록들은 대부분 메이저리그의 누 적 기록들을 따라잡지 못한다.

가령 안타를 예로 들면 2024년 종료 시점 기준으로 MLB에서는 무려 33명의 선수가 3000안타 이상을 기록했지 만, KBO 리그에서는 2500안타를 넘긴 선수도 단 두 명에 불과하다. 홈런을 기준으로 봐도 MLB에는 통산 700홈런을 넘긴 선수가 4명이 있지만, KBO 리그에는 500홈런을 넘긴 타자도 이제 겨우 1명에 불과하다. 도루나 타점 등은 물론 투수의 기록인 다승이나 탈삼진 역시 상황이 비슷하다.

하지만 KBO 리그의 기록이 전 세계를 기준으로 해도 최고인 희귀한 경우가 있는데, 다름 아닌 몸에 맞는 공(사구, 死球)이다. 이 기록을 보유한 주인공은 바로 최정으로, 그는 2024시즌 종료 시점 기준 무려 348개의 사구를 기록 중이다. MLB 역대 1위인 휴이 제닝스는 287개, NPB 역대 1위 기요하라 가즈히로는 196개로 모두 최정에 한참 못 미친다. 이미 고인이 된 제닝스, 은퇴한 기요하라와 달리 최정은 아직 현역이기도 하다.

사실 최정은 사구만 많이 맞은 선수는 아니다. 최정은 타석(9438), 득점(1461), 홈런(495), 총루타(4197), 삼진(1772)에서도 KBO 리그 역대 1위에 올라 있다. 기본적으로 오랜 기간 꾸준히 야구를 잘했기에 경기에 워낙 많이 나섰고, 또 타석에 워낙 많이 섰기 때문에 이렇게 많은 사구를 맞을 수 있었다.

필자가 처음 야구를 볼 때만 해도 '소년장사'라는 별명이 있던 최정이지만, 이제는 소년보단 중년이 더 어울리는 나이가 됐다. 만 37세의 나이에 4년 계약을 더 따낸 것은 어지간한 내구성으로는 할 수 없는 일이다. 잔부상이 아예 없던 선수는 아니지만, 그래도 2007년 첫 풀타임 시즌을 치른 뒤 최정이 100경기 미만으로 출장한 시즌은 3시즌에 불과하다.

하지만 단순히 많이 나온 것만으로 최정이 이렇게 많은 사구를 맞았다고 생각하면 곤란하다. 타석수 역대 2위(9222)인 최형우는 최정의 3분의 1 수준인 113사구만 맞았으며, 3위(9138) 박용택은 74개로 두 자릿수만 맞았고, 4위(8876)인 손아섭은 고작 40개밖에 맞지 않았다. 비슷한 타석수의 선수들과 비교해도 최정은 그야말로 압도적이다.

그렇다면 최정은 왜 이렇게 많은 공을 맞을까? 우선은 선수 본인이 잘 피하지 않기 때문일 것이다. 잘 피하지 않을 뿐더러 맞아도 아픈 내색을 잘 하지도 않는다. 최정의 MBTI는 ISFP로 내향적인 I와 감성적인 F가 공존한다. 그러다 보니 자신의 감정을 밖으로 잘 드러내지 않는 경향이 있다. 그래서인지 연차에 맞지 않게 아직도 인터뷰를 어색해하는 모습은 팬들 사이에서는 꽤나 유명한 밈 요소이다.

최정이 공을 맞고도 별다른 제스처 없이 1루로 걸어 나가는 모습을 자주 볼 수 있다. 하지만 최정도 인간이다 보니 몇 년에 한 번 정도는 화를 내기도 하는데 이때는 다른 팀

팬들도 최정의 편을 들어주곤 한다. 평소엔 잘 참던 최정이 화를 내는 것에는 분명한 이유가 있을 것이라 생각하기 때문이다.

최정이 사구를 많이 맞는 또 다른 이유는 최정 본인이 가진 장타력 때문이기도 할 것이다. 최정은 19년 연속 두 자릿수 홈런을 치고 있으며, 20홈런을 넘긴 것이 13번, 30홈런을 넘긴 것이 6번, 40홈런도 2번 기록해본 선수다. 멀리 갈 것 없이 KBO 리그 역사상 가장 많은 홈런을 친 선수이기도 하다. 심지어 오랜 기간 팀의 3번 타순을 담당하고 있으니 투수들의 견제를 안 받을 수가 없다.

자연히 투수들은 최정에게 몸쪽 공을 많이 던지게 된다. 제대로 제구된 몸쪽 공은 세상 모든 타자들이 어려워하기 때문이다. 몸쪽으로 깊게 들어오는 공에 한 번 움찔하고 나면 타격 밸런스가 흐트러지기 마련이고, 이를 이용하면 다음 투구를 더욱 위력적으로 만들 수 있기도 하다. 하지만 공이 가운데로 몰릴 경우 장타를 맞을 확률이 급격히 늘어나게 되기에 투수들은 최대한 몸쪽으로 깊게 제구하려고 노력하고 결국 그 과정에서 최정을 맞히고 마는 것이다.

선수 최정의 가장 큰 장점 중 하나는 꾸준함인데, 최정은 사구를 맞는 것에도 꾸준함을 유지해왔다. 2007년 처음으로 풀타임 시즌을 뛴 이후 최정이 두 자릿수 사구를 맞는 것에 실패한 시즌은 부상으로 81경기 출장에 그치고 5개만 맞은 2015년 한 시즌밖에 없다. 두 자릿수 사구를 맞은 시즌만 무려 17시즌인 것이다.

불행인지 다행인지 단일 시즌 최다 사구 기록은 최정의 것이 아니다. 1999년 박종호가 31개를 맞은 것이 단일 시즌 최다 기록이며 박종호를 제외하면 KBO 리그에서 30개 이상의 사구를 맞은 선수는 없다. 공동 2위는 27개를 맞은 2010년의 박경완과 2012년의 박석민이며, 최정의 이름은 4위에서 26개를 맞은 2016년의 기록이 처음 등장한다.

하지만 최상위권에서의 최정 등장 빈도는 그야말로 압도적인데 단일 시즌 최다 사구 상위 40개의 기록 중 무려 11개가 최정의 것이다. 공동 41위 기록이 19번이므로 최정은 무려 11번이나 한 시즌 20사구 이상을 맞은 것이며, 그 19번을 맞은 공동 41위 기록들 중에도 최정의 이름은 두 차례나 등장한다.

최정은 2009년 22개의 사구를 맞으며 처음으로 20사구 시즌을 보낸 뒤 2013년까지 무려 5년 연속으로 20사구 이상을 맞았다. 부상으로 인해 결장이 잦았던 2014년과 2015년에는 각각 12개와 5개만 맞았으나, 2016년 23개, 2017년 19

개를 맞은 뒤 2018년부터 2021년까지 다시 4년 연속 20사구 이상을 맞았다. 2022년에 19사구를 기록했으니 2017년과 2022년에 1개씩만 더 맞았으면 7년 연속 20사구 이상을 맞은 선수가 될 뻔했다.

최정은 만 37세 시즌인 지난 2024년에도 20개의 사구를 맞았다. 야구 역사상 최초로 400사구를 맞는 선수가 되기까지 단 52개만 남았는데, 최정은 2024시즌 종료 이후 SSG와 4년 계약을 추가로 맺었다. 최정의 플레이 스타일과 그간 추이를 고려할 때 앞으로 4년 동안 최정은 연평균 13개 이상의 사구를 맞을 것이 유력하다.

제아무리 1루로 출루할 수 있고 압도적인 세계신기록 보유자가 될 수 있다고 하더라도, 사구를 기꺼이 맞고 싶은 선수는 그리 많지 않을 것이다. 필자는 시속 145km의 공에 맞는 것이 얼마나 아플지 감히 상상조차 하지 못하겠다. 팀을 위해 이러한 아픔을 참고 348번이나 공을 맞아온, 그리고 내색하지 않고 1루로 묵묵히 걸어 나가는 최정이 얼마나 대단한 선수인지를 알 수 있는 부분이다.

최정을 지켜봐 온 SSG 팬들은 이제는 그가 그만 좀 공에 맞기를 바랄 것이다. 필자 역시 응원하는 팀의 투수들이 제발 최정을 그만 맞혔으면 좋겠다. 하지만 팀을 위해 기꺼이 사구를 맞는 최정의 헌신을 막을 수 있는 사람도 많지 않을 것이다. 부디 한국 야구 역사상 최고의 3루수 최정이 앞으로는 사구를 맞더라도 다치지 말고 건강하게 커리어를 마무리하길 바랄 뿐이다.

3085번이나 가동된
안타 제조기

대한민국의 근현대사는 일본을 빼놓고 이야기할 수 없다. 대한민국 근현대사 상당수의 악재에서 일본의 이름은 꼭 등장하기 마련이며, 호재에서도 일본의 이름은 은근히 적지 않은 등장 빈도를 자랑한다. 야구라고 예외는 아니다. 한국 야구의 발전에 일본 야구가 끼친 영향은 무시할 수 없으며, 수많은 야구인이 목표로 삼았던 구호 중 하나는 바로 '타도 일본'이었다.

그리고 이러한 한국 야구사에 꽤나 큰 족적을 차지하고 있음에도 잘 언급되지 않는 사람들이 있으니 바로 재일교포들이다. 수많은 재일교포가 일본과 한국 무대에서 활약했지만 대다수가 잘 알려져 있지 않다. NPB에서 400승을 거둔 김경홍, 0점대 평균자책점을 기록한 이팔룡과 같은 선수들의 이야기는 왜인지 국내 야구팬들 사이에서 잘 거론되지 않는다. 그나마 말년에 KBO로 넘어온 장명부 정도나 30승이라는 기록 덕분에 간간히 언급되곤 한다.

이번 절에서는 그 일본 야구에서 활약한 재일교포 중에서도 가장 화려한 커리어를 가진 선수 중 하나인 '안타 제조기' 장훈에 대해 다뤄보고자 한다. 얼마 전 일본 귀화를 선택하며 많은 논란을 일으킨 장훈이지만 한국 야구사를 돌아봤을 때 그만 한 커리어를 가진 선수는 정말 드물다. 장훈은 단순히 NPB에서 활약만 한 수준이 아니라, 그야말로 NPB 역대 최고의 선수라고 해도 손색이 없을 정도의 기록을 남겼다.

만약 장훈에 대해 잘 모른 채 가끔씩 국내 기사들로만 그를 접했다면, 그를 망언(?)이나 일삼는 괴짜 노인네 정도로 생각하게 됐을 것이다. MLB에서 큰 족적을 남긴 오타니나 다르빗슈 등의 선수들에게 잔소리하는 모습을 보면 그런 생각이 드는 것도 무리는 아니다. 하지만 장훈이 NPB에서 남긴 기록들을 보면 얘기가 달라진다. 그가 하는 이야기에 동의할 수는 없어도, 최소한 그가 어떤 자신감으로 그런 이야기를 하는지 정도는 이해하게 될 것이다.

1940년 히로시마에서 한국인 부모 사이에 태어난 장훈은 네 살 때 화상을 당해 오른손을 크게 다쳤다. 이때 다친 손은 선수 생활 내내 그를 괴롭혔고, 아직도 회복되지 않았다. 다섯 살 때는 원자폭탄에 피폭됐고, 누나를 잃었으며, 해방 이후에는 아버지마저 세상을 떠났다. 이후 야구를 시작한 장훈의 원래 꿈은 투수였으나, 고등학교 때 부상을 당하며 투수를 포기해야 했다. 프로 데뷔 이전까지 장훈의 인생은 시련 그 자체였다.

1959년 토에이 플라이어즈(현 홋카이도 닛폰햄 파이터즈)에 입단한 장훈은 그해 4월 10일 개막전에 6번 타자 좌익수로 선발 출장하며 NPB 커리어를 시작했다. 2013년 오타니 쇼헤이 이전까지 고졸 신인선수가 NPB 개막전에 선발로 출장한 것은 장훈이 처음이었다. 그다음 날 프로 통산 첫 안타와 홈런을 기록한 장훈은 그해를 0.275의 타율과 13홈런 10도루로 마무리하며 신인왕을 수상하는 영광을 안았다.

이듬해 장훈은 0.302의 타율과 16홈런 15도루를 기록했고, 이해를 시작으로 무려 11년 연속 베스트 나인, 그리고 19년 연속 올스타에 선정됐다. 1961년에는 타율 0.336으로 커리어 첫 타격왕에 올랐으며, 1962년에는 타율 0.333 31홈런 23도루 OPS 1.032로 MVP까지 수상했다. 그리고 바로 그 다음 해에는 33홈런-41도루를 기록하며 30-30 클럽에 가입하기도 하는 등 그야말로 장훈의 질주는 멈출 줄 몰랐다.

1967년부터 4년간 장훈은 타율 0.336-0.336-0.333-0.383을 기록했고, 4년 연속 타율 및 출루율 1위에 올랐다. 1972년에는 0.358, 1974년에는 0.340 등으로 장훈은 그야말로 밥 먹듯이 타격왕을 차지했다. 1976년 장훈은 17년 동안 몸담았던 친정팀을 떠나 새로운 도전을 하기로 결심했고, 일본 최고의 명문 요미우리 자이언츠에 입단했다. 요미우리에서도 베스트 나인 2회, 안타왕 1회 등 장훈의 활약은 계속됐다.

하지만 1979년 장훈은 부상으로 77경기 출장에 그쳤고, 19년을 이어오던 올스타전 출장과 20년을 이어오던 100안타 달성에 실패했다. 냉정한 요미우리에는 더 이상 장훈의 자리가 없었고, 이듬해 그는 지바 롯데 마린스로 이적했다. 롯데에서 장훈은 그토록 염원하던 통산 3000안타와 500홈런을 기록했고, 1981년을 끝으로 은퇴를 선언했다.

장훈은 NPB 통산 타율 0.319 3085안타 504홈런 319도루 OPS 0.933을 남겼다. 올스타에는 19회, 베스트 나인에는 16회 선정됐고, 20년 연속 100안타를 기록했으며, 타격왕에 7회, 안타왕에 3회, 출루율 1위에 9회 오른 바 있다. 3085안타는 NPB 통산 1위에 해당하는 기록이며, 타격왕 7회 역시 장훈과 스즈키 이치로 딱 둘만 달성해본 기록이다. 괜히 장훈이 '안타 제조기'라는 명성을 갖고 있는 것이 아니다.

장훈의 통산 기록은 경기수가 더 많은 메이저리그를 기준으로 해도 경이로운 수준이다. MLB에서도 통산 3000안타와 500홈런을 모두 달성한 선수는 단 7명에 불과하며, 그중 2명은 금지약물 복용이 적발된 선수들이다. 여기에 통산 타율 3할이라는 기준을 추가하면 단 3명만 남고, 통산 도루 300개라는 조건을 하나 더 추가할 경우 윌리 메이스 단 한 명만 남게 된다. 역사와 전통의 MLB에도 장훈과 같은 꾸준한 호타준족은 흔치 않았던 것이다.

은퇴 이후 장훈은 KBO 총재 특별 보좌관 역할을 맡아 20년 이상 활동했다. 그 과정에서 KBO 리그 창설에 여러모로 많은 도움을 줬다고 알려져 있으며, NPB의 많은 재일교포 선수들에게 한국행을 권유하거나 아예 그들의 한국행을 주선하기도 했다. 직간접적으로 장훈을 거쳐 한국 무대를 밟은 재일교포 선수들은 1980년대 말~1990년대 초 KBO 무대를 주름잡으며 다양한 볼거리를 제공했다.

NPB에서 뛰는 한국 선수들에게도 장훈은 큰 힘이 됐는데, 대표적인 사례가 바로 백인천이다. 백인천의 경우 아예 장훈과 호형호제하며 같은 팀, 같은 외야에서 활약했다. 재일교포 차별이 분명 존재했을 일본 야구계지만, 장훈과 같은 든든한 뒷배가 있는 백인천을 함부로 대할 수 있는 사람은 없었을 것이다. 그뿐만 아니라 이승엽이 일본에 진출했을 때도 장훈은 그의 든든한 조력자를 자처하기도 했다.

분명 장훈은 한국인이라는 자부심을 갖고 살아왔다. 장훈은 한국의 강한 여성이었던 어머니의 의견을 항상 존중해왔으며, 한국 국적 때문에 야구를 못 하게 될 위기에 처하자 어머니의 뜻에 따라 야구를 그만두려고 할 정도로 어머니에 대한 존경심과 한국 국적에 대한 자부심이 강했던 사람이다. 국적은 종이 하나로 바꿀 수 있어도 민족의 피는 그럴 수 없다는 말을 남기기도 했다.

하지만 장훈은 평생을 일본에서 살아왔고, 평생 일본에서 활동했다. 자연히 필자 혹은 이 책을 읽는 대다수의 독자 여러분처럼 평생을 한국에서 살아온 사람들과는 마음가짐이 다를 수밖에 없다. 그간 장훈이 보여준 언행에는 분명 일본에 대한 애정 역시 담겨 있었다. 일본에 대한 애정이 한국에 대한 애정보다 더 크다고 한들 전혀 이상하지 않은 노릇이다. 오히려 그런 와중에도 한국 국적을 유지하던 것이 어찌 보면 대단한 일일지도 모른다.

　장훈이 국적 변경을 알리며 했던 인터뷰에서의 발언들은 분명 실망스러웠다. 상당수는 사실관계에서 한참 어긋나 있기도 하다. 필자는 장훈의 일부 발언들에 절대 동의할 수 없다. 하지만 장훈의 다른 발언 중에는 분명 우리가 다시 생각해봐야 할 부분들도 있다.

　장훈은 인터뷰에서 KBO에 대한 섭섭함을 털어놓았다. 총재 보좌역으로 20년 넘게 KBO에 도움을 줬지만, KBO는 그에 걸맞은 대우를 해주지 않았다는 것이다. 이 부분에 있어서는 반박의 여지가 없다고 생각한다. 장훈은 분명 KBO의 극진한 대접을 받아 마땅한 인물이다. KBO는 신세대 야구팬들에게도 장훈의 업적에 대해 더 널리 알리고, 중요한 행사 때 그를 더 자주 초청했어야 했다.

　또 장훈은 재일교포로 지내는 것에 대한 힘겨움에 대해서도 언급했다. 특히 한국에서 재일교포들을 적대시한다고 느꼈을 때의 서운함을 강조했다. 장훈이 무엇을 계기로 그렇게 느낀 것인지는 모르겠으나, 일단 그렇게 인식한 후의 장훈의 실망감은 이루 말할 수 없었을 것이다. 일본과 한국, 양국에서 모두 차별받는다고 느낄 때의 좌절감은 필자처럼 경험해보지 못한 사람이 감히 가늠하기에는 너무나도 무거울 것이다.

　장훈은 인터뷰에서 국적은 다시 원래대로 돌려놓을 수도 있고, 부모의 피를 이어받은 재일교포로서 자부심을 갖고 살고 있다는 말 또한 남겼다. 필자는 이 부분을 보면서 장훈과 한국 야구계가 아직 돌아올 수 없는 강을 건넌 것은 아니라고 느꼈다. 그렇기에 장훈의 말처럼 그가 언젠가는 한국 국적을 다시 회복하고 한국 야구계에 공헌하며 그에 걸맞은 존중을 받을 수 있기를 기원한다.

2632경기 동안
멈추지 않은 철인

야구팬들이 가장 싫어하는 이야기 중 하나는 바로 '야구는 레저'라는 것이다. 레저가 나쁜 뜻은 아니지만 사용되는 맥락을 고려했을 때 듣는 야구팬 입장에서는 기분이 좋을 리가 만무하다. 그리고 야구가 레저라고 한들 누구에게 피해를 주는 것도 아닌데 덮어놓고 야구와 그 팬들을 공격하는 의도는 다분히 불순하다고 할 수 있을 것이다. 야구팬들이 '욱한' 반응을 보이는 것도 절대 이상하지 않다.

사실 야구라는 스포츠를 제대로 알면 레저라는 음해는 그저 웃음이 나올 뿐이다. 체중 100kg이 넘는 거구의 선수들이 일반인들은 상상하기 어려운 속도로 달리는 장면이나 여중생이 그린 순정만화에나 등장할 법한 비현실적인 어깨너비를 자랑하는 선수들의 실물을 보면 야구가 레저라는 주장을 차마 입 밖으로 꺼낼 엄두도 못 낼 것이다.

야구가 정말 레저라면 '농구 황제' 마이클 조던은 야구에서도 역대 최고를 다투는 선수가 되었을 것이다. 그러나 현실은 마이너리그에서도 좋은 성적을 거두지 못했다. 마찬가지로 마약 중독이었던 디에고 마라도나와 애연가였던 요한 크루이프가 역대 최고의 선수 중 하나로 자주 거론되는 축구 역시 레저가 아닌지에 대해 심도 있는 논의가 필요할지도 모른다.

설사 야구가 레저로 분류되더라도 개인적으로는 꼭 면죄부를 주고 싶은 선수가 있다. 바로 '2632경기 연속 출장'이라는 메이저리그 기록을 보유하고 있는 칼 립켄 주니어다. 볼티모어 오리올스에서만 21년을 보낸 원클럽맨인 립켄은 1982년부터 1998년까지 무려 16년이 넘는 세월 동안 단 한 경기도 결장하지 않는 놀라운 자기관리를 선보인 바있다.

립켄의 놀라운 이야기에 대해 상세히 다루기 전에 언급하고 가야 할 선수가 있다. 바로 립켄 이전의 연속 출장 기록을 보유했던 루 게릭이다. 루 게릭은 통산 타율 0.340

과 493홈런 OPS 1.080을 기록해 메이저리그 역사상 최고의 1루수로 꼽히며, 그가 앓았던 근위축성측색경화증(ALS)은 그의 이름을 따서 루게릭병이라고 불린다. 루 게릭은 무려 2130경기 연속 출장을 기록하며 이 부문 메이저리그 역대 2위 기록을 갖고 있다.

1925년 6월 1일 워싱턴 내셔널스와의 경기 8회말, 1번 타순에서 폴 와닝거의 대타로 출전하며 연속 출장 기록을 시작한 루 게릭은 무려 14년에 육박하는 세월 동안 단 한 경기도 결장하지 않는 꾸준함과 함께 당대 최고의 타자로 이름을 날렸다. 하지만 1938년부터 원인 모를 하락세를 겪었고, 1939년 4월 30일 내셔널스전에서 4타수 무안타를 기록하자 5월 2일 디트로이트 타이거즈와의 경기에서 결장하며 연속 출장 기록을 마무리했다.

36세 생일인 1936년 6월 19일 루 게릭은 ALS 진단을 받았고, 결국 은퇴를 선언했다. 연속 출장 기록의 후반부부터 ALS를 앓고 있던 것이 유력한데, 루 게릭의 정신력이 얼마나 대단했는지를 알 수 있는 부분이다. 1939년 7월 4일 은퇴식에서 루 게릭은 '지구상에서 가장 행복한 사람(Luckiest man on the face of the earth)'이란 표현으로 널리 알려진 명연설을 남겼고, 그의 등번호 4번은 MLB 최초의 영구결번이 됐다. 루 게릭은 1941년 6월 2일에 세상을 떠났다.

립켄은 루 게릭처럼 희귀병을 앓지는 않았다. 하지만 유격수가 받는 수비 부담은 1루수의 그것과는 차원이 다르다. 좌우 넓은 범위를 커버하며 매번 허리를 숙여 땅볼을 처리해야 하는 유격수는 야구에서 포수 다음으로 수비 부담이 큰 포지션으로 여겨진다. 유격수로 대부분의 경기를 뛰면서 루 게릭의 기록을 500경기 이상 연장한 립켄의 위대함 역시 무시할 수는 없을 것이다.

칼 립켄 주니어는 1982년 5월 29일 토론토 블루제이스와의 더블헤더에서 1차전만 나서고 2차전에는 결장했다. 만약 2차전이 아니라 1차전을 쉬었다면 립켄의 기록은 2632경기가 아닌 2633경기가 됐을 것이다. 그다음 날 열린 같은 상대와의 경기에서 립켄은 8번 타자 3루수로 선발 출장했다. 그때는 립켄 본인도 자신이 그렇게 오랜 기간 동안 연속 출장 기록을 이어나갈 수 있을 거라 생각하지 못했을 것이다.

1982년 6월 4일 미네소타와의 경기 0:6으로 뒤진 9회 초 1사 네 번째 타석을 앞두고 대타 짐 드와이어로 교체된 립켄은 그다음 날 같은 상대를 만나는 경기에서 8번 타자 3루수로 선발 출장했다. 그리고 이 경기를 시작으로 립켄은

2장 | 꾸준함의 화신들

1987년 9월 14일 토론토 블루제이스와의 경기에서 8회말 대수비 론 워싱턴으로 교체되기까지 무려 8264이닝 동안 단 한 차례도 교체되지 않고 모든 이닝을 다 소화했다. 이 기록 역시 2위보다 3000이닝 이상 앞선 역대 1위에 해당한다.

립켄이 이런 어마어마한 연속 출장 기록을 이어나갈 수 있었던 이유는 그가 그만큼 가치 있는 선수였기 때문이다. 립켄은 전성기 당시 넓은 수비 범위를 자랑했고, 유격수 중에는 흔치 않게 장타력도 보유해 통산 431홈런을 기록했다. 아니, 흔치 않은 수준이 아니라 유격수로 친 홈런만 놓고 계산할 경우 립켄은 알렉스 로드리게스를 제치고 역대 1위에 해당한다.

연속 출장 기록이 시작된 1982년, 립켄은 0.264의 타율과 28홈런 WAR(대체 선수 대비 승리 기여도) 4.6을 기록하며 신인왕에 올랐다. 립켄은 이 시즌부터 연속 출장 기록이 끝나는 1998년까지 매년 최소 타율 0.250과 13홈런 이상을 기록하며 꾸준한 공격력을 과시했다. 그리고 루 게릭의 기록을 경신한 그다음 해인 1996년까지 매년 최소 WAR 3.5 이상을 기록했다. 보통 WAR 2 정도를 기록하면 주전 자격이 있다고 평가하는데, 립켄은 항상 넉넉하게 그 이상을 해냈던 것이다.

연속 출장 기록 2년 차인 1983년 립켄은 0.318의 타율과 211안타 27홈런 OPS 0.889 WAR 8.5를 기록하며 리그 MVP에 올랐다. 3년 차인 1984년에도 립켄은 0.304의 타율과 195안타 OPS 0.884 WAR 9.8의 훌륭한 성적을 기록했으며, 1986년까지 무려 실버슬러거 4연패를 달성했다. 그야말로 당대 최고의 공격력을 가진 유격수였던 것이다.

립켄의 수비력이 부족했냐 하면 그것도 아니다. 립켄은 1991년과 1992년 2년 연속 유격수 골드글러브 역시 수상한 적 있으며, 특히 1991년에는 0.323의 타율과 210안타 34홈런 OPS 0.940 WAR 10.6의 성적으로 실버슬러거와 함께 두 번째 MVP를 수상하기도 했다. 그야말로 공수 겸장이었던 립켄은 연속 출장 기록을 세우는 동안 신인왕, MVP 2회, 골드글러브 2회, 실버슬러거 8회의 화려한 수상 경력을 자랑했다.

립켄은 1998년 9월 19일 뉴욕 양키스와의 경기에서 6번 타자 3루수로 선발 출장해 4타수 무안타를 기록했다. 그리고 그다음 날 다시 열린 양키스와의 맞대결, 볼티모어의 라인업에서는 립켄의 이름을 찾아볼 수 없었고, 립켄은 대타로도 나서지 않았다. 연속 경기 출장 기록이 2632경기에서 끝나는 순간이었다.

연속 출장 기록이 끝난 이듬해, 립켄은 부상으로 86경기 출장에 그쳤지만 타석에서는 타율 0.340에 18홈런을 기록하며 마지막 불꽃을 태웠다. 2001년 유니폼을 벗은 립켄은 MLB 통산 3001경기 동안 타율 0.276 3184안타 431홈런 WAR 92.5를 남겼다.

립켄이 은퇴를 선언한 2001년 올스타전에서 원래 아메리칸리그의 유격수였던 알렉스 로드리게스는 3루수 립켄에게 유격수로 뛰라고 등을 떠밀었다. 알렉스 로드리게스의 배려 덕분에 립켄은 팬들에게 다시 한번 전성기 때처럼 유격수로 뛰는 모습을 보여줄 수 있었다. 아이러니하게도 유격수 알렉스 로드리게스 역시 훗날 뉴욕 양키스로 이적하면서 데릭 지터와 공존하기 위해 3루수로 포지션을 옮기게 된다.

그리고 그 올스타전 경기에서 립켄은 첫 타석에 홈런을 때려내며 MVP에 등극했다. 홈런을 맞은 투수는 평소 90마일 후반대의 강속구를 쉽사리 던지는 선수였지만, 립켄에게 던진 그 공은 한복판에 몰린 91마일의 공이었다. 모두가 그 공을 립켄에게 주는 선물이라고 생각했지만, 그 투수는 그저 립켄이 잘 친 것뿐이라는 말을 남겼다. 그 투수의 이름은 박찬호이다.

기네스북에 오른
안타왕

메이저리그 통산 안타 1위는 피트 로즈로 무려 4256안타를 기록했다. 하지만 로즈는 감독 시절 스포츠 도박을 한 혐의로 영구제명을 당해 공식적인 자리에서 언급하기는 다소 껄끄러운 인물이 됐고 명예의 전당 투표 후보에조차도 오르지 못했다. 그는 자신의 팀이 이기는 쪽에만 돈을 걸었다며 줄곧 항변했지만, 결국 2024년 9월 30일 세상을 떠날 때까지 복권되지 못했다(얼마 전 그가 세상을 떠난 지 8개월 만에 MLB에서 복권됐다).

그렇다면 로즈를 제외하고 '안타왕'이라는 호칭에 가장 걸맞은 선수는 누구일까? 필자는 스즈키 이치로라고 생각한다. 이치로는 미·일 통산 4367안타로 로즈의 메이저리그 기록인 4256안타를 제치고 기네스북에 가장 많은 안타를 친 선수로 등재된 바 있다. 물론 MLB에 비해 비교적 수준이 낮은 NPB에서의 기록을 그대로 반영하는 것이 옳은가 하는 의문이 들 수는 있다. 반면 이치로 입장에서도 MLB 데뷔가 늦었다는 변명거리가 있긴 하다.

필자가 '안타왕' 호칭에 걸맞은 선수로 이치로를 지지하는 또 하나의 이유는 그가 MLB 단일 시즌 최다 안타 1위 기록 역시 보유하고 있기 때문이다. 통산으로는 기네스북 기록을 갖고 있고, 단일 시즌으로는 MLB 기록을 갖고 있다면 '안타왕'이라는 호칭에 무리가 없을 것이다.

그야말로 안타를 치는 것에는 야구 역사상 최고 수준이었던 이치로지만, 유망주 시절에는 생각보다 높은 평가를 받는 선수가 아니었다. 오릭스 블루웨이브는 이치로를 고작 4라운드에서야 지명했다. 그리고 고졸 신인에게 NPB는 만만한 무대가 아니었고 이치로는 첫 2년간 타율 0.226과 36안타에 그친다.

그러나 이치로는 3년 차인 1994년 0.385의 타율과 210안타로 본격적으로 자신의 기량을 뽐내기 시작했다. 이후 2001년 메이저리그에 진출하기 전까지 이치로는 NPB 통산

0.353의 타율과 1278안타라는 어마어마한 기록을 남긴다. NPB에서의 이치로는 MLB에서와는 달리 한 시즌 20홈런 이상을 기록할 수 있고, 통산 장타율도 0.522에 육박하는 그야말로 완전체에 가까운 선수였다.

2001년 시애틀 매리너스에 입단하며 만 27세의 늦은 나이에 메이저리그에 데뷔한 이치로는 데뷔 첫해부터 신드롬을 일으켰다. 0.350의 타율과 242안타 56도루로 3개 부문에서 모두 아메리칸리그 1위를 차지했고, 정상급의 수비 능력과 레이저 송구까지 자주 선보이곤 했다. 이치로의 활약에 힘입은 시애틀은 역대 최다승인 116승을 달성했고, 이치로는 올스타, 신인왕과 골드글러브, 실버슬러거와 MVP를 모두 석권하며 그야말로 상을 쓸어 담았다.

2002년과 2003년에도 3할-200안타-올스타-골드글러브를 모두 챙긴 이치로는 2004년 다시 한번 역사적인 시즌을 보냈다. 타율 0.372와 262안타를 기록하면서 또 한 번 타율과 안타 모두 1위를 차지한 것이다. 특히 이치로가 기록한 262안타는 1920년 조지 시슬러가 기록한 257안타를 뛰어넘는 신기록이었다. 이 기록은 어느덧 20년이 지난 아직까지도 깨지지 않고 있다.

이치로의 전성기는 2010년까지 계속됐다. 2001년부터

2010년까지 10년간 이치로는 연평균 타율 0.331 224안타 38도루를 기록했고, 10년 연속 3할-200안타-올스타-골드 글러브라는 꾸준함을 선보였다. 만 27세라는 늦은 나이에 데뷔한 선수라고는 믿을 수 없는 성적이었다.

2011년 이치로는 0.272의 타율과 184안타라는 MLB 데뷔 이후 가장 좋지 않은 성적을 기록했다. 만 37세 시즌이었기에 하락세는 당연했다. 모두가 이치로의 메이저리그 커리어가 얼마 남지 않았다고 생각했지만 이치로는 50세까지 뛰겠다고 공공연하게 말하고 다녔다. 50세까지는 아니었지만, 이치로는 무려 만 45세 시즌인 2019년까지 뛰고 커리어를 마무리했다.

이치로는 MLB 통산 타율 0.311과 3089안타를 기록했다. 만 27세라는 늦은 나이에 MLB에 데뷔하고도 무려 19시즌을 뛴 끝에 얻어낸 값진 누적 성적이다. 이치로는 NPB에서 3년 차 시즌부터 리그 정상급 선수가 됐고 아홉 번째 시즌을 마친 후 MLB에 진출했는데, 만약 그 7년을 먼저 MLB에서 보낼 수 있었다면 MLB 통산 안타 기록 1위 역시 정말로 이치로의 것이 됐을지 모른다.

한편 야구 통계학의 발달로 이치로의 타격 생산성에 대해 의문을 던지는 의견이 나오기도 했다. 메이저리그에 진출한 이후 이치로는 타격 스타일을 바꿔 볼넷이나 장타 생산을 포기하고 단타를 치는 것에 몰두하기 시작했다. 그러다 보니 이치로의 MLB 통산 출루율은 0.355, 장타율은 0.402로 명성에 비해 그리 높지 않다. 자연스레 그 둘을 더한 OPS 역시 0.757에 불과하며 리그 평균이 100인 wRC+(조정 득점 창조 능력)도 104밖에 되지 않는다.

타격의 궁극적인 목표는 점수를 만드는 것이고, 점수를 만들기 위해서는 베이스에 더 자주 나가고, 더 먼 베이스까지 나가야 한다는 것이 오늘날의 야구 통계학이 내린 결론이다. 타율은 높고 안타는 많이 쳤지만 출루율과 장타율이 그리 높지는 않은 이치로는 사실 점수를 만드는 것에 그다지 뛰어난 선수가 아니었다는 다소 파격적인 결론이 나온다.

야수의 가치를 평가할 때는 타격이 정말 큰 비중을 차지한다. 하지만 야구에는 타격만 있는 것이 아니다. 이치로의 MLB 커리어 통산 BsR(평균 대비 주루 기여도)은 95.1로 무려 역대 3위에 해당한다. 이치로가 늦은 나이에 MLB 커리어를 시작한 걸 감안하면, 그를 야구 역사상 최고의 주자라고 부르는 것도 무리는 아닐 것이다. 거기다 이치로는 10년 연속 골드글러브를 수상할 정도로 뛰어난 수비력도 갖춘 선수였다.

공격과 수비, 주루를 모두 합산해 나타내는 WAR에서 이치로는 MLB 통산 57.5를 기록했다. 보통 통산 WAR 60을 넘기면 명예의 전당에 첫 턴 투표로 입성할 수 있다는 평가를 받는데, MLB 데뷔를 늦게 한 것을 감안하면 이치로 역시 명예의 전당에 첫 턴으로 들어갈 수 있는, 혹은 그 이상의 커리어를 쌓았다는 평가가 주를 이뤘다. 세부적인 통계로 봐도 이치로는 우리 체감만큼이나 뛰어난 선수였던 것이다.

그리고 이치로는 실제로 첫 턴 투표에 바로 MLB 명예의 전당에 입성하는 것에 성공했다. 아니, 단순히 첫 턴에 입성한 수준이 아니었다. 받을 수 있는 총 394표 중 단 한 표를 제외한 모든 표를 받는 것에 성공하며 99.7%라는 아주 높은 득표율로 입성에 성공한 것이다. 오히려 이치로에게 표를 주지 않은 한 명의 기자가 누군지가 논란이 될 정도였다. 이치로 본인은 만장일치가 아니라 다행이라는 쿨한 반응을 남기기도 했다.

필자는 이치로가 만장일치로 명예의 전당에 입성했어야 한다고 생각하지는 않는다. '최초의 5인'은 그렇다 치더라도, 비교적 최근에 투표를 한 켄 그리피 주니어나 데릭 지터도 만장일치를 달성하지는 못했다. 이 둘 외에도 이치로보다, 혹은 실제로 유일하게 만장일치를 달성한 마리아노 리베라보다도 더 위대하다고 평가할 수 있는 정말 많은 선수들이 만장일치에 실패했다.

　하지만 필자에게 투표권이 주어졌다면, 필자 역시 고민하지 않고 이치로에게 찬성표를 던졌을 것이다. 그가 보여준 안타 생산 능력과 수비 및 주루, 그리고 무엇보다 꾸준함을 높이 평가하기 때문이다. 단 한 명을 제외한 모든 투표인단도 역시 필자와 비슷한 생각을 했고, 그 결과로 나온 99.7%라는 높은 득표율은 이치로가 얼마나 위대한 커리어를 보냈는지를 잘 보여준다.

3장

영웅들과 기폭들

그가 오늘
안타를 쳤나요?

오늘날 미국에서 가장 인기 있는 프로스포츠는 미식축구리그 NFL이다. 특히 결승전에 해당하는 '슈퍼볼'의 인기는 상상을 초월한다. 기업들은 30초짜리 슈퍼볼 광고에 초당 수억 원의 거액을 투자하는 것을 주저하지 않고, 슈퍼볼 하프타임 쇼는 현세대를 대표하는 최고의 슈퍼스타들 공연이 지상 최대의 규모로 열린다. 야구의 인기는 여기에 못 미치고, NBA(프로농구)와 2위 자리를 놓고 다투는 정도에 그친다.

하지만 한때는 미국에서도 야구가 최고의 인기 스포츠였던 적이 있었다. 이 시기 미국에서 야구는 '국민적 여가(national pastime)'라고 불릴 정도로 큰 인기를 자랑했다. 아예 선수 하나를 두고 "그가 오늘 안타를 쳤나요(Did he get one today)?"라는 안부 인사가 유행할 정도였다. 여기서 '그'는 바로 조 디마지오였다.

흔히 일과 사랑을 모두 쟁취한 사람을 두고 '인생의 승리자'라고 부르곤 한다. 아마 디마지오도 '인생의 승리자'라는 호칭에 꽤나 적합한 사람 중 하나일 것이다. 야구 선수로는 프로 스포츠 역사상 최고의 명문팀 중 하나인 뉴욕 양키스의 레전드가 됐으며, 사랑에 있어서는 인류 역사상 가장 섹시한 여성 중 하나인 마릴린 먼로와 결혼(물론 과정과 마무리는 아름답지 못했지만)했기 때문이다.

디마지오가 양키스 소속으로 메이저리그에 데뷔한 것은 1936년이었다. 이미 베이브 루스는 2년 전에 떠났지만 대신 양키스에는 루 게릭이 남아 있었고, 디마지오는 데뷔 첫해부터 0.323의 타율과 206안타 29홈런으로 맹활약하며 팀의 중심타자로 자리 잡았다. 같이 뛴 게릭은 0.354의 타율에 49홈런을 기록했으니 양키스를 상대하는 투수들은 꽤나 골치 아팠을 것이다.

조 디마지오의 입단은 뉴욕 양키스의 역사에도 아주 큰 의미를 갖는데, 그가 입단하자마자 양키스가 월드시리즈 4연패를 달성했기 때문이다. 조 디마지오는 1951년 은퇴할 때도 양키스와 함께 월드시리즈 2연패를 달성했는데, 양키스는 그의 은퇴 이후에도 연속 우승을 이어나가며 5연패 달성에 성공해 자신들이 세운 종전 기록을 경신했다.

디마지오는 커리어 13년 동안 양키스와 함께 무려 9회의 월드시리즈 우승을 차지했는데, 양키스의 월드시리즈 우승이 총 27회니까 디마지오는 그 3분의 1을 함께한 것이다. 디마지오보다 월드시리즈 우승을 많이 한 선수는 "끝날 때까지 끝난 게 아니다(It ain't over, till it's over)"라는 말로 유명한 양키스의 또 다른 레전드 요기 베라뿐이다. 디마지오와 같이 뛰기도 했던 명포수 베라는 우승 반지를 남김없이 열 손가락 모두에 다 끼울 수 있었다.

화려한 데뷔 시즌을 보낸 디마지오에게 2년 차 징크스란 없었고, 1937년에는 0.346의 타율과 215안타 46홈런을 기록하며 홈런왕에 올랐다. 3년 차에도 타율 0.324 194안타 32홈런으로 꾸준한 활약을 이어간 디마지오는 4년 차에 타율 0.381 176안타 30홈런으로 커리어 첫 리그 MVP와 타격왕을 수상했다. 5년 차인 1940년에도 디마지오는 타율 0.352 179안타 30홈런으로 타격왕 2연패에 성공했다. 하지만 디마지오의 커리어 최고의 순간은 아직 오지 않았다.

1941년 5월 14일 뉴욕 양키스는 클리블랜드 인디언스에게 4:1로 패했고 4번 타자 중견수로 출전한 디마지오는 3타수 무안타 1볼넷만을 기록했다. 다음 날에도 뉴욕 양키스는 시카고 화이트삭스에게 1:13으로 크게 패했다. 4번 타자 중견수로 출전한 조 디마지오는 4타수 1안타만을 기록했다. 하지만 그 누구도 이것이 위대한 기록의 시작일 줄은 몰랐을 것이다.

분명 디마지오에게는 운도 따랐다. 5월 30일에 열린 보스턴 레드삭스와의 더블헤더 2차전에 뉴욕 양키스는 0:13으로 크게 졌고, 4번 타자 중견수로 나선 디마지오는 실책만 무려 3개를 범하는 최악의 경기력을 선보이고 말았다. 하지만 타석에서는 5회초 평범한 뜬공을 친 것을 보스턴의 우익수 피트 폭스가 햇빛 때문에 제대로 처리하지 못하면서 행운의 2루타가 됐고, 디마지오는 16경기 연속 안타 기록을 이어갈 수 있었다.

양키스가 시카고 화이트삭스에게 7:8로 패했던 6월 17일 경기에서는 7회말 디마지오의 타구가 바운드가 크게 튀어 오르며 이 타구를 처리하려던 명예의 전당 유격수 루크 애플링의 어깨에 맞았다. 애플링의 수비가 어설펐기 때문에 실책으로 기록될 수도 있었으나, 기록원이 장고 끝에 해당 타구를 안타로 기록하며 디마지오는 연속 안타를 이어갈 수 있었다.

하지만 디마지오에게 운만 따른 것은 아니었다. 그 당시 메이저리그의 야수들 역시 수비력이 매우 뛰어났고, 수차례나 디마지오의 타구를 호수비로 잡아내며 기록 달성을 어렵게 만들었다. 그리고 진위 여부는 불분명하지만 그 가운데는 꽤나 드라마틱한 이야기도 전해진다.

조 디마지오는 무려 9남매 중 여덟 번째로 태어났는데, 형 빈스 디마지오와 동생 돔 디마지오 역시 메이저리거 생활을 했다. 당연하게도 둘 다 조만큼 야구를 잘하지는 않았지만 그나마 둘 중에서는 돔이 더 나은 선수였다. 빈스는 주로 피츠버그 파이리츠에서 뛰며 MLB 통산 125홈런을 기록했고, 돔은 형의 라이벌팀인 보스턴 레드삭스의 원클럽맨으로 뛰며 통산 타율 0.298과 1680안타를 기록했다. 여기까지는 분명 의심의 여지가 없다.

7월 2일 열린 보스턴 레드삭스와의 경기에 4번 타자 중견수로 선발 출장한 조는 두 번째 타석에서 장타성 타구를 날렸는데, 이 타구를 하필 중견수인 동생 돔이 커리어 최고의 슈퍼캐치로 잡고 말았다. 다행히 세 번째 타석에서 조가 홈런을 치면서 기록 행진은 계속됐지만, 훗날 조가 그 당시에는 동생 돔과의 저녁 식사 약속을 취소하고 싶은 충동이

들었다고 말한 기록을 복수의 영문 매체에서 확인할 수 있었다.

하지만 그 당시 MLB 기록의 박스 스코어를 필자가 직접 베이스볼 레퍼런스에서 확인한 결과, 디마지오의 해당 타석은 중견수 뜬공이 아닌 3루 땅볼이었다. 베이스볼 레퍼런스의 기록이 잘못됐을 수도 있어 이 일화의 진위 여부 확인은 어려우나, 다른 인터뷰 등을 참고했을 때 돔이 조의 중요한 안타성 타구들을 몇 차례 낚아챘던 것은 사실인 것 같다. 1949년 8월 9일에는 조가 돔의 타구를 잡으면서 돔의 34경기 연속 안타 기록을 끝내기도 했다.

차라리 호수비로 안타를 도둑맞으면 다행이지, 아예 방망이를 도둑맞는 경우도 있었다. 디마지오 이전의 종전 최다 연속 경기 안타 기록은 윌리 킬러가 세운 44경기 연속 안타였는데, 디마지오가 바로 그 기록의 경신에 도전하던 날 그의 방망이가 사라지고 말았다. 디마지오는 팀 동료 토미 헨리히의 방망이를 빌려 마지막 타석에서 겨우 안타를 기록했다. 디마지오의 방망이는 나중에서야 찾을 수 있었다.

디마지오의 기록은 결국 7월 17일 클리블랜드전에서 깨지고 말았다. 디마지오는 두 번째 타석에서는 볼넷으로 타격 기회를 얻지 못했고, 첫 타석과 세 번째 타석에서 3루

선상 잘 맞은 타구를 날렸으나 3루수 켄 켈트너가 두 번 모두 환상적인 백핸드 캐치와 정확한 송구로 그를 저지했다. 네 번째 타석에서는 유격수 쪽 강한 타구를 루 보드로가 병살타로 처리하고 말았다. 아쉽지만 이것이 56경기 연속 안타 행진의 종료였다.

공교롭게도 이 경기 이후 디마지오는 다시 16경기 연속 안타 행진을 이어갔다. 17일 경기에서 하나의 안타만 기록했으면 무려 73경기까지 기록이 늘어났을지도 모른다. 디마지오는 타율 0.357 193안타 30홈런 OPS 1.083 WAR 9.7로 시즌을 마무리하고 MVP를 수상했다. 같은 해 테드 윌리엄스는 타율 0.406 185안타 37홈런 OPS 1.287 WAR 11.0이라는 위대한 성적을 기록했으나, 디마지오의 인기와 화제성을 따라갈 순 없었다.

이후 디마지오는 1942년 시즌을 마치고 군 입대를 선택했고, 1946년에야 그라운드로 복귀했다. 1947년에는 커리어 세 번째 MVP를 수상했는데, 공교롭게도 이번에도 역시 라이벌 테드 윌리엄스가 훨씬 더 나은 성적을 기록한 해였다. 조 디마지오는 1951년을 끝으로 은퇴를 선언했다. 디마지오가 은퇴하던 1951년 양키스는 또 다른 역대급 중견수를 얻게 되는데, 그것은 바로 역사상 최고의 스위치히터 중 하나인 미키 맨틀이었다.

디마지오는 은퇴 이후 사랑을 시작했다. 상대는 그 유명한 마릴린 먼로였다. 둘은 1954년에 결혼했으나, 결혼 생활은 오래가지 못했다. 디마지오는 그 당시 시대상을 고려해도 매우 폭력적인 남편이었고 그녀를 심하게 구타한 것으로 알려져 있다. 먼로가 불륜을 저지른 것 역시 디마지오의 폭력성을 가중시켰을 것이다. 먼로가 〈7년 만의 외출〉의 그 유명한 치마 날리는 신을 찍고 온 날, 둘은 또 크게 싸웠고 결국 274일 만에 이혼을 선택하고 말았다.

하지만 둘은 그야말로 애증의 관계였고, 이혼 이후에도 여전히 가까운 사이를 유지했다. 1962년 둘의 재결합이 예정되어 있었다고 전해지나, 성사 며칠 전 먼로가 갑자기 세상을 떠나고 말았다. 먼로가 죽은 뒤에도 디마지오는 꽤나 오랫동안 그녀의 무덤을 돌보곤 했다. 1999년 3월 8일에는 조 디마지오도 세상을 떠났다. 그가 마지막으로 남긴 말은 이러했다. "이제 마릴린 곁으로 갈 수 있겠군."

처음이자 마지막
4할 타자

오늘날 야구에서 타율이 갖는 의미는 점차 줄어들고 있다. 세이버메트리션들은 타격의 본질인 '점수를 많이 내는 방법', 그리고 야구의 본질인 '승리하는 법'에 주목하면서 타율보다 더 정확한 기록인 OPS와 wRC+를 개발했다. 팬들도 점차 타율보다 이 두 기록을 더 자주 사용하고, 더 정확한 기록으로 받아들이고 있다. 더 이상 팬들에게 '3할 타자'가 좋은 타자임을 100% 보장하지는 않는다.

그럼에도 불구하고 여전히 타율은 무시할 수 없는 지표이다. 출루율과 장타율도 결국 타율을 직간접적으로 포함하는 스탯이기에 타율이 무지막지하게 올라간다면 자연스럽게 출루율과 장타율도 아주 높아질 수밖에 없다. 만약 타율이 3할 언저리가 아니라 아예 4할에 육박하는 타자가 있다면 더 이상 팬들은 이 선수의 출루율, 장타율이 얼마인지 신경 쓰지 않을 것이다. 신경 쓰지 않아도 될 정도로 충분히 높을 것이기 때문이다.

KBO 리그의 마지막 4할 타율 기록은 아이러니하게도 원년인 1982년에 나왔다. 바로 MBC 청룡의 선수 겸 감독이었던 백인천이 그 주인공이다. 백인천은 당시 호적상으로만 39세였는데, 실제로는 그보다 더 나이가 많았던 것으로 알려져 있다. 또 백인천은 이미 일본프로야구에서 19시즌을 뛰고 온 선수이기도 했다. 그렇기에 '선수 겸 감독'이라는 KBO 역사상 유일무이한 직함을 얻을 수 있었던 것이다.

KBO 유일 4할이라는 기록에 묻혀 잘 언급되지 않지만, 사실 백인천의 일본 커리어는 보통 수준이 아니었다. 백인천은 NPB에서 19년 동안 1969경기 7040타석에 나서며 1831안타 209홈런 212도루, 그리고 통산 타율 0.278을 기록했다. 일본 야구 선수들에게 최고의 영광으로 여겨지는 명구회의 자격 조건이 통산 2000안타 이상이니까 백인천이 KBO에서 뛰기 위해 한국으로 돌아오지 않고 계속 NPB에서 활동했다면 명구회에 입성했을지도 모른다.

백인천은 이런 화려한 커리어와 뛰어난 기량의 소유자였기에 사실상 마흔이 넘은 고령에도 KBO에서 타격왕을 차지할 정도로 뛰어난 성적을 거둘 수 있었던 것이다. 참고로 백인천은 1975년 NPB에서도 0.319의 타율을 기록하며 타격왕에 오른 적이 있었다. 즉 백인천은 NPB와 KBO에서 모두 타격왕을 해본 최초의 선수다.

일본에서 이런 화려한 커리어를 보내던 와중이었지만, 조국인 한국에 프로야구가 생긴다는 말을 듣자 백인천은 주위의 만류를 뒤로하고 망설임 없이 한국으로 향했다. 한국에 프로야구가 생긴 것이 너무나 자랑스러웠고, 또 국민들에게 두 눈으로 직접 자신이 그간 갈고닦았던 실력을 보여주고 싶었기 때문이다. 백인천은 MBC의 선수 겸 감독으로 프로야구 개막전을 맞았다.

백인천은 MBC 청룡의 감독이자 5번 지명타자로 출전했고, 홈런 포함 2안타에 볼넷은 무려 3개를 얻어내는 맹활약을 했다. 팀 역시도 한국 야구사에 길이 남을 명승부 끝에 이종도의 끝내기 만루홈런으로 삼성에게 승리를 거뒀다. 모두가 기뻐하는 와중에 백인천은 오히려 눈물을 흘렸다. 그간 머나먼 바다 건너 타국에서 야구를 하며 느꼈던 설움이 떠올랐기 때문이다. 개막전 승리는 백인천이 야구 인생에서 평생 꿈꿔왔던 순간이었을 것이다.

개막전 이후에도 백인천의 맹타는 계속됐다. 4월 5일 OB 원정에서는 2루타 2개 포함 3안타를 기록했고, 시즌 타율은 0.467로 크게 올랐다. 그리고 그 뒤로 1982년 내내 백인천의 타율은 4할 아래로 내려갈 줄을 몰랐다. 7월 22일 삼성전 이후, 8월 8일 OB 원정 이후 0.401까지 가며 타율 4할이 위태위태했던 적은 있으나 백인천은 그다음 날 각각 2안타와 4안타를 때려내며 귀신같이 타율을 끌어올렸다.

이쯤에서 경기당 안타 숫자와 같이 놓고 생각해보면 타율 4할이 얼마나 어려운지를 알 수 있다. 만약 그날 경기 1안타를 치고도 타율이 떨어지지 않으려면, 4할 타자는 2타수에만 들어서야 한다. 보통 4~5타석을 들어서니 나머지 타석에서는 볼넷이나 희생타를 기록해야 타율이 떨어지지 않는 것이다. 멀티히트를 친다고 해서 꼭 안심할 수 있는 것도 아니다. 타율이 정확히 4할이 아니라 4할을 넘는 경우는 5타수 2안타를 쳐도 타율이 떨어지게 된다.

백인천은 원년 80경기 중 71경기에 출장했다. 9경기 결장이 적다면 적은 수치고 많다면 많다고도 할 수 있는 수치인데, 사실 여기에는 사연이 있었다. 8월 26일 삼성 원정에서 백인천이 심판 판정에 항의하는 차원에서 선수단을 철수

시키자, 심판들은 해당 경기에서 MBC의 몰수패를 선언했다. 백인천은 해당 경기가 결장으로 기록되면서 5경기 출장 정지의 추가 징계까지 6경기를 날리게 됐다. 그러니까 실질적인 결장은 3경기였던 것이다.

40대 고령의 선수가 시즌 내내 실질적으로 결장한 경기가 단 3경기밖에 없다는 사실은 백인천이 얼마나 자기관리를 철저하게 했는지를 짐작할 수 있게 해준다. 또 자연스레 백인천의 타율 4할이 기록 관리를 통해 만들어진 것이 아니라는 것도 알 수 있는 부분이다. 선발 예고제가 없던 시절이라 상대 투수가 누가 나올지를 모르니 결장을 통한 기록 관리가 의미 없기도 했다.

10월 14일 홈에서 열린 삼성과의 최종전에서도 4번 타자로 선발 출장한 백인천은 3타수 2안타를 기록했고, 네 번째 타석에서 유승안과 자신을 교체하며 시즌을 마무리했다. 시즌 최종 기록은 250타수 103안타로 0.412, 4할을 넉넉하게 넘긴 기록이었다. 당연히 해당 시즌 타격왕 및 안타왕은 백인천의 몫이었고, 43년의 KBO 리그 역사 동안 규정타석을 채우고 백인천보다 높은 타율, 아니 백인천보다 1푼 2리 이하로 낮은 타율을 기록한 선수도 나오지 않고 있다.

이외에도 백인천은 19홈런 64타점 55득점을 기록하며 홈런 공동 2위, 타점 2위, 득점 1위의 골고루 좋은 성적을 올렸다. 또한 마흔에 접어든 나이에 11도루를 기록하며 여전한 주력도 과시했다. 게다가 타율에 묻혀서 그렇지 0.497의 출루율과 0.740의 장타율 역시 그해 1위, 역대 2위에 해당하는 압도적인 성적이었다. 타율이 무지막지하게 높으니 자연히 출루율과 장타율도 높아질 수밖에 없었던 것이다.

물론 팬들이 백인천의 기록에 마냥 찬사만 보내는 것은 아니다. 경기수나 리그 수준에 대한 지적은 나름 설득력을 가진 의견이다. 1994년의 이종범과 2012년의 김태균 등은 백인천보다 더 오랜 기간 4할을 유지하고도 늘어난 경기수 탓에 4할 아래의 타율로 시즌을 마쳐야 했다.

또 1982년은 국가대표 선수들이 세계야구선수권대회 참여로 빠져 있던 시기이기도 하다. 가뜩이나 선수층이 부족하던 시기인데, 그중 가장 실력이 뛰어난 국가대표 선수들까지 빠져 있었으니 솔직히 리그의 수준은 빈말로라도 높다고 하기 어려웠을 것이다. 자연히 김성한의 10승-10홈런이나 박철순의 22연승과 같이 더 높은 수준의 리그였다면 나오기 어려웠을 희귀한 기록들도 많이 나오곤 했다.

하지만 이런 요소들이 백인천의 기량을 의심할 근거가 될 수 있는 것은 아니다. 백인천의 기량은 이미 일본프로야구 시절에 보여준 것들로 증명이 완료됐기 때문이다. 아마 백인천의 커리어에서 더 어려웠던 기록은 KBO에서의 4할이 아닌 NPB에서의 타격왕이었을지도 모른다. 하지만 불혹의 나이에 다른 전성기 선수들보다 더 나은 성적을 기록했다는 것은 그 자체로 인간적인 차원의 대단한 성취라고 봐야 한다.

또 백인천의 4할 기록 덕분에 우리는 여러 이야깃거리를 얻게 됐다. 4할로 시즌을 끝내진 못했지만 시즌 내내 높은 타율을 유지한 후대의 선수들과 백인천 중 누가 더 대단한지, 왜 백인천 이후로는 다시 4할이 나오지 않는지 등등은 항상 팬들 사이에서 재미있는 주제가 된다. 사실 필자 또한 이를 구실로 글을 쓰고 있기도 하다.

그렇다면 4할 타자는 왜 다시 나오지 않는 것일까? 결국은 앞서 언급한 이유들 때문일 것이다. 리그의 수준은 올라갔고, 경기수는 늘어났다. 자연히 아무리 뛰어난 선수라도 체력을 유지하며 리그를 압도하기가 어려워진 것이다. 또 인간이 칠 수 있는 타구 속도에는 한계가 있는데, 야수들의 수비력은 점점 더 좋아진다. 높은 레벨의 경기에서는 타구가 조금만 체공시간이 길어도 다 야수에게 잡히니 타율이 높아질 수 없는 것이다.

타율 4할을 기록한 이후로도 백인천은 선수 겸 감독 커리어를 이어갔으나, 1983년 전기 리그를 마친 뒤 팀과의 의견 충돌로 인해 삼미 슈퍼스타즈로 이적했다. 삼미에서 1년 반을 더 뛰고 은퇴한 백인천은 다시 감독으로 MBC로 돌아왔고, LG로 구단명이 바뀌자마자 팀의 첫 우승을 이끌었다. 그러나 이후 롯데 감독을 맡아서는 처절한 실패를 경험했고, 그 뒤로는 해설가로 활동하기도 했다.

명문팀의
팔방미인 에이스

2020년대 세계 야구계의 아이콘은 역시 오타니 쇼헤이다. 오타니는 불가능해 보이던 투타 겸업을 통해 신드롬을 불러일으켰고, 이를 바탕으로 여러 진기록을 세우며 그야말로 메이저리그를 지배하고 있다. 오타니 없이는 오늘날의 야구를 논할 수 없다. 그리고 무대의 수준이야 비할 순 없겠지만, 과거 KBO 리그에도 오타니 쇼헤이와 유사하게 투타 겸업을 통해 각종 기록을 세운 선수가 있었다. 바로 해태 타이거즈의 에이스였던 김성한이다.

많은 선수들이 그랬듯이 김성한도 학생 시절 투수와 타자를 병행하는 선수였다. 그러나 대학교 4학년 때 팔꿈치

부상을 당해 마운드에는 오르지 못했고, 타석에서는 연일 맹타를 휘두르며 타자의 길을 확실히 굳혀가고 있었다. 하지만 대학 졸업 이후 프로야구가 창설되어 해태에 입단하고 상황은 바뀌었다. 창단식을 치를 당시 해태의 선수는 단 15명에 불과했고, 그중 투수는 단 5명이었다. 도저히 프로팀이라곤 할 수 없는 규모의 선수단이었다.

상황이 이렇게 흘러가자 해태의 초대 감독인 '빨간 장갑의 마술사' 김동엽 감독은 김성한을 투수로 기용할 것을 결심했다. 타자가 더 맘에 들었던 김성한은 항변했지만 받아들여지지 않았고, 결국 투타를 병행하는 것으로 결론이 나왔다. 1982년 3월 28일 해태의 KBO 첫 경기, 김성한은 3번 타자 3루수로 선발 출장했다. 타석에서는 3타수 1안타 1타점을 기록했고, 마운드에서는 구원투수로 등판해 3이닝 무실점을 기록했다. 성공적인 데뷔전이었다.

그리고 이후 전반기 내내 그는 타이거즈 최고의 투수이자 최고의 타자로 활약했다. 개막전에서처럼 타자로는 주로 3번 타자와 3루수를 담당했고, 팀이 필요로 하면 구원투수로 마운드에 오르는 식이었다. 전반기 타자로 40경기 전경기, 투수로 24경기를 출장했다. 4월 8일 삼미 원정에서는 1.2이닝 무실점을 기록하며 그해의 유일한 세이브를 기록했

고, 4월 10일 홈 OB전에서는 커리어 첫 선발 등판도 가졌
으나 박철순에 3실점 완투패를 당했다.

　4월 14일 삼미 원정에서는 구원으로 6이닝을 던지며
첫 승을 챙겼고, 이후로도 김성한은 4월 21일 홈 롯데전
7이닝 1실점 구원승, 5월 15일 홈 삼성전 6이닝 무실점 구
원승 등 주로 구원 등판을 하면서도 선발투수 못지않게 많
은 이닝을 던지며 승리를 따내곤 했다. 선발 등판은 적었지
만 전반기 만에 이미 규정이닝을 한참 넘길 정도로 많이 던
졌다. 그리고 당연히 타석에서의 활약도 계속되었다.

　특히 앞서 언급한 5월 15일 홈 삼성전의 경우 타자로도
3안타에 승부를 결정짓는 쓰리런홈런까지 치며 KBO 리그
역대 최초로 승리투수가 결승타를 친 사례가 됐다. 아마 이
보다 더 직접적으로 팀의 승리에 기여하는 방법도 흔치 않
을 것이다. 김성한은 5월 26일에도 이 기록을 달성하며 유
일한 역대 2회 달성자가 됐고, 김성한 이후 이 기록을 달성
한 선수는 최동원과 김재박뿐이다.

　최동원의 경우 1984년 8월 16일 홈 MBC전에서 이 기
록을 달성했다. 구원투수로 등판한 상황에서 1루수 김용철
이 부상을 당하자 지명타자 김민호가 1루 수비를 나서며 지
명타자가 소멸됐고, 하필 8회말 1:1 동점 1사 만루에서 최동

원의 타석이 돌아온 것이다. 그리고 최동원은 그 타석에서 2타점 2루타를 기록하며 해당 경기의 승리투수가 됨과 동시에 결승타를 기록했다. 이 경기가 그의 유일한 타격 기록으로 최동원의 통산 타율은 10할이다.

김재박의 경우 대학 시절까지 투수를 겸업한 바 있으며, 1985년 7월 27일 삼성전에 이 기록을 달성했다. 1:1로 맞선 10회초 1사 만루 위기에 MBC 지휘봉을 잡고 있던 김동엽 감독은 김재박을 투수로 올리는 묘수를 뒀다. 김재박은 3루수 직선타 더블플레이로 이닝을 끝냈고, 10회말 1사 만루에서는 끝내기 안타를 기록했다. 이 경기 역시 김재박의 유일한 투구 기록으로 김재박의 통산 평균자책점은 0.00이다.

김성한의 투타 겸업 행진은 아쉽게도 1982년 후반기에는 보기 힘들어졌다. 투수를 할 생각이 없던 선수에게 갑자기 많은 이닝을 던지게 시켰으니 몸에 무리가 온 것이다. 전반기 24경기에 나왔던 김성한은 후반기에는 단 2경기 등판에 그쳤다. 그러나 그런 와중에도 9월 28일 롯데와의 원정 경기에서 9이닝 3실점 완투승을 거두는 저력을 발휘했고, 그렇게 단일 시즌 10승-10홈런-10도루라는 대기록을 달성하는 데 성공했다.

1982년 김성한의 최종 투구 기록은 26경기 106.1이닝 10승 1세이브 평균자책점 2.79 49탈삼진으로 리그 다승 7위, 평균자책점 5위에 해당하는 빼어난 성적이었다. 그리고 타석에서도 김성한은 80경기 타율 0.305 97안타 13홈런 69타점 10도루 OPS 0.841로 타율 5위, 안타 3위, 홈런 4위, 타점 1위, 득점 7위에 해당하는 아주 좋은 성적을 기록했다. 투수를 겸업하되 타자를 포기하지 않은 것은 최고의 선택이었다.

이후 김성한은 투수 등판을 줄이고 우리가 아는 타자로의 이미지를 굳혔다. 1986년을 끝으로 더는 마운드에 오르지 않았고, 통산 41경기 167이닝 15승 2세이브 평균자책점 2.96 69탈삼진으로 투수 경력을 마무리했다. 투타 겸업이 가져다주는 낭만을 대체할 순 없었겠지만, 김성한의 타자 전업은 성공적이었다. 김성한은 타자에 전념하면서 6번의 1루수 골든글러브와 3번의 홈런왕, 그리고 2번의 MVP를 차지하며 1980년대 최고의 타자로 이름을 날렸다.

현실적으로 봤을 때, 만약 김성한이 투타 겸업을 계속했더라면 아마 체력 부담 때문에라도 타석에서 이렇게까지 좋은 기록들을 남기지는 못했을 것이다. 어쩌면 큰 부상을 당해 둘 중 그 어느 것도 제대로 하지 못하고 커리어를 마무리했을지도 모른다. 해태 투수진도 원년에 비해 훨씬 좋아졌고, 1985년에는 선동열까지 팀에 합류했으니 김성한이 무리해서 마운드에 오를 이유가 없기도 했다.

이번 이야기의 서두에 오타니를 언급했었는데, 김성한이 오타니와 유사했던 점은 또 있다. 바로 홈런도 많이 치고 도루도 많이 하는 호타준족이었다는 것이다. 재차 언급하지만, 활동했던 무대의 수준과는 별개로 플레이 스타일이 유사했다는 것이다. 오타니는 2024년 MLB 역사상 최초로 한 시즌에 50홈런과 50도루를 동시에 달성하는 선수가 됐다. 그리고 김성한 역시도 KBO 리그 역사상 최초로 단일 시즌 20홈런과 20도루를 동시에 달성한 선수다.

김성한은 투타 겸업을 했던 1982년에도 이미 10홈런-10도루를 기록하며 호타준족의 면모를 보인 바 있다. 이후 마운드에서의 부담을 덜자 본격적으로 주력을 과시하기 시작했고, 1989년에는 26홈런-32도루를 기록해 KBO 최초의 20-20 달성에 성공했다. 1996년 박재홍의 30-30, 2015년 에릭 테임즈의 40-40과 같은 기록들의 시초가 바로 김성한이었던 것이다.

오늘날 '야구의 신들의 무대'인 메이저리그에서 오타니가 달성하고 있는 것들에 비하면 김성한이 남긴 기록들은 초라해 보일지도 모른다. 그러나 무대의 수준과는 별개로 모든 기록은 저마다 의미를 갖고 있다. '최초', '유일'과 같은 수식어가 붙는 기록들은 더더욱 그렇다. 오타니에 비할 수는 없겠지만, 김성한 역시도 다양한 방법을 통해 한국 야구 팬들에게 여러 가지 볼거리를 제공한 팔방미인이었다고 할 수 있을 것이다.

막을 수 없는
바람의 아들

어린 시절 필자가 가장 좋아하는 포지션은 유격수였다. 동네 친구들과 야구를 할 때도 필자는 항상 유격수를 보곤 했다. 여러 이유가 있었지만 무엇보다 내야 수비에 자신이 있어서 그랬던 것으로 기억한다. 유격수는 내야 수비의 중심이며 어려운 타구를 많이 처리해야 하기에 자연스럽게 내야수 중 가장 수비를 잘하는 선수가 유격수를 맡게 된다.

어려운 포지션이다 보니 수비 부담 역시 보통이 아니며, 이는 통계적으로도 증명된 사실이다. 미국의 야구 통계 사이트 팬그래프닷컴은 MLB 기준 전 경기인 162경기를 소화한다고 가정했을 때, 유격수가 같은 성적을 내는 1루수에 비해 20점가량 더 가치 있는 선수라고 계산한다. 이를 WAR, 즉 승리 기여도로 환산하면 약 2승 정도의 차이가 된다.

유격수가 수비 부담이 아주 큰 포지션임에도 불구하고 한국 야구사를 돌아보면 다방면에 재능이 있는 유격수들이 많이 나왔다. 특유의 다재다능함으로 실업야구 무대를 지배한 '그라운드의 여우' 김재박부터 메이저리그 무대를 호령한 강정호와 김하성까지 유격수 포지션 레전드들의 활약상은 다른 포지션 레전드들을 웃돈다. 그리고 그 유격수들 중에서도 KBO에서 가장 역동적인 전성기를 보여준 선수는 역시 이종범일 것이다.

이종범 하면 가장 먼저 생각나는 수식어는 역시 '바람의 아들'이다. 실제로 이종범은 그 이름에 걸맞게 아주 빠른 발을 바탕으로 수없이 많은 베이스를 훔치곤 했다. 하지만 필자는 이 수식어가 이종범의 진정한 가치를 오히려 가린다고 생각한다. 이종범이 가진 능력 중 가장 놀라운 것은 역시나 도루 능력이긴 했지만, 도루만을 놓고 이야기하기에 이종범은 너무나도 다재다능한 선수였다.

1993년 해태 타이거즈에 입단한 이종범은 시즌 초반부터 주전 유격수 자리를 차지했고, 시즌 중반부터는 1번 타자까지 맡았다. 당시에는 대학을 졸업하고 입단하는 것이 일반적이었기 때문에 요즘의 신인선수들에 비해서는 사정이 나았겠지만, 그래도 데뷔 첫해에 팀의 주전 유격수와 1번 타자를 동시에 차지한 것은 분명 대단한 성과였다.

이종범의 발은 역시 신인 때부터 두각을 드러냈다. 이 해 이종범은 아직까지도 KBO 단일 시즌 역대 3위에 해당하는 73도루를 기록했으며, 9월 26일 쌍방울과의 경기에서는 한 경기 6도루라는 기록을 세우기도 했다. 하지만 그럼에도 도루왕에 오르지는 못했는데, 롯데 자이언츠 전준호가 역대 2위에 해당하는 75도루를 기록했기 때문이다.

사실 이종범의 한 경기 6도루는 부끄러운 기록이라는 지적도 존재한다. 해당 경기에서 쌍방울 선수들이 이종범의 도루를 눈감아 줬고, 분노한 쌍방울 고위층에서 직접 지적하자 그제야 도루를 저지하기 시작했다는 기사도 있다. 롯데 전준호 역시 비정상적인 방법으로 도루를 쌓았다는 지적도 있으며, 이외에도 1984년 우승 경쟁팀들 간의 져주기 경기와 도루 밀어주기 등등 과거 KBO 리그에서는 꼭 보기 좋은 일들만 일어난 것은 아니었던 것 같다.

그럼에도 당시 이종범이 리그 최고의 대도 중 하나였던 것은 부정할 수 없다. 그리고 이종범의 가치는 타석에서도 두드러졌는데, 그해 이종범은 0.280의 타율과 133안타 16홈런 OPS 0.763을 기록했다. 평범하다고 느낄 수 있지만 1993년이 KBO 역사상 리그 평균 OPS가 가장 낮았던(0.668) 투고타저 시기임을 감안해야 한다. 이종범은 수비 부담이 큰 유격수를 소화하면서도 리그 최고의 주자 중 하나였고, 타석에서도 아주 뛰어난 선수였던 것이다.

다른 시즌 같았으면 쉽사리 신인왕에 올랐을 성적이지만 이해 이종범은 유독 상복이 따르지 않았던 것 같기도 하다. 하필이면 같은 해 양준혁이 타율, 출루율, 장타율에서 모두 1위를 차지하고 홈런과 타점에서 2위에 오르는 압도적인 성적을 내는 바람에 득점 1위를 차지하는 데 그친 이종범은 신인왕 경쟁에서 밀릴 수밖에 없었다. 하지만 이종범은 가장 중요한 무대에서 가장 높은 곳에 오르는 데 성공했다.

1993년 한국시리즈는 KS 12전 전승을 자랑하는 타이거즈에게도 꽤나 어려운 무대였다. 4차전까지 해태는 1승 1무 2패로 열세를 기록하며 통산 첫 준우승을 차지하는 듯했다. 하지만 5차전에서 이종범이 도루 3개와 함께 시리즈 스코어를 원점으로 돌렸고, 그의 활약에 힘입은 해태는 내리 3연승을 기록하며 역전 우승을 차지했다. 7경기 동안 무려 도루 7개를 기록한 이종범은 한국시리즈 MVP에 올랐다.

그리고 1994년 이종범은 그야말로 역사적인 시즌을 보냈다. 시즌 초반부터 열심히 달리며 전반기 57개의 도루를 기록했고, 그 가운데 무려 29연속 성공이라는 기록도 세웠다. 이종범의 이해 도루 개수는 아직도 깨지지 않은 84개. 타 팀 코치로 만난 해태 선배 김일권이 가난한 모기업 해태는 도루왕에게 연봉을 많이 올려주지 않는다는 이야기를 넌지시 전해주지 않았다면 정말 시즌 100도루를 기록했을지도 모른다.

타율은 백인천 이후 최초의 4할에 도전할 수 있는 수준이었고 KBO 리그 역대 최초의 200안타도 가능해 보였다. 시즌의 104번째 경기인 8월 21일 쌍방울전을 마쳤을 때 이종범의 타율은 4할. 원년 단 80경기만 치른 백인천보다 더 오래 타율 4할을 유지한 것이다. 8월 말 생고기를 잘못 먹고 배탈이 나며 페이스가 떨어졌지만, 그러고도 타율은 역대 2위에 해당하는 0.393, 안타는 역대 5위에 해당하는 196안타였고 여기에 홈런도 19개나 기록했다.

수비 부담이 큰 유격수가 이 정도로 공격에서 맹활약하면 자연히 기여도는 매우 높을 수밖에 없다. 야구 통계 사이트 스탯티즈는 해당 시즌 이종범의 WAR을 11.83으로 책정했다. 1986년의 선동열(12.29)에 이은 역대 2위에 해당하며, 타자 중에서는 역대 1위에 해당한다. 이종범이 126경기 체제에서 세운 기록이 144경기를 치르는 오늘날까지 깨지지 않은 것이다. 그야말로 단일 시즌 기준 KBO 역대 최고의 야수라고 부를 만하다.

1995년 이종범은 대한민국 남자라면 누구나 피할 수 없는 군 문제를 해결하기 위해 방위병으로 복무했고, 홈 경기만 뛰면서도 타율 0.326 78안타 16홈런 32도루 OPS 0.983을 기록했다. 방위병 복무를 마친 1996년에는 타율 0.332 149안타 25홈런 57도루 OPS 0.991을 기록하며 1994년에 버금가는 좋은 성적을 기록했다. 이해 이종범의 WAR은 9.94로 역대 6위에 해당했으며, 타자 중에서는 1994년의 자신과 2015년 테임즈에 이은 역대 3위에 올랐다.

이어진 1997년 이종범은 또 다른 대기록 수립에 성공했다. 바로 30-30 클럽에 가입한 것이다. 이해 이종범은 타율 0.324 157안타 30홈런 64도루 OPS 1.009의 훌륭한 성적으로 전년도 박재홍에 이어 역대 두 번째 30-30 클럽 가입에 성공했다. 9.53의 WAR은 역대 8위, 타자 4위에 해당할 정도로 최상위권이었으며, 한국시리즈에서 3개의 홈런을 터뜨리고 커리어 두 번째 한국시리즈 MVP에 오르는 것으로 한 해를 마무리했다.

물론 여기까지의 커리어만 해도 한국 야구사를 통틀어

손에 꼽을 정도로 훌륭했지만, 이후 이종범의 커리어는 명성에 비해 그다지 잘 풀리지 않았다. 이듬해 일본에 진출한 이종범은 첫 시즌 67경기 타율 0.283 10홈런 18도루로 맹활약을 했으나, 상대 투수의 변화구에 맞은 뒤 부상을 당하며 기량이 하락하고 말았다. 결국 이후에는 이렇다 할 활약을 하지 못한 채 2001년 시즌 중반 국내 복귀를 선택한다.

그사이 소속팀 타이거즈의 모기업은 해태에서 KIA로 바뀌어 있었고, 이종범의 포지션도 유격수에서 외야수로 바뀌어 있었다. 이종범은 2002년과 2003년 2년 연속으로 골든글러브를 수상할 정도로 외야수로도 좋은 활약을 했으며, 2006년 WBC에서는 켄 그리피 주니어, 스즈키 이치로 등과 함께 대회 올스타 외야수로 선정되는 영예를 안기도 했다.

그러나 WBC를 기점으로 이종범은 가파른 하락세에 접어들었고, 2007년에는 타율 0.174에 그치는 최악의 부진을 겪었다. 2009년에는 잠시 반등하며 팀의 우승에 공헌하기도 했으나, 냉정히 말해 전성기 기량과는 격차가 꽤 있었다. 결국 이종범은 2012년 시범경기를 마친 후 매끄럽지 못한 과정으로 유니폼을 벗고 말았다.

오늘날의 야구팬들 사이에서는 이종범을 저평가하는 여론이 나오기도 한다. 통산 0.297의 타율과 1797안타 194

홈런 등의 기록이 명성에 비해 부족하다는 이유 때문이다. 훨씬 화려한 통산 성적을 자랑하는 양준혁과 비교하며 이종 범을 조롱하는 의견도 종종 보인다. 하지만 상황과 맥락을 고려하지 않고 기록을 숫자 그대로 달달 외우는 것은 정확한 분석이라고 할 수 없다.

이종범은 전성기 3년 반가량을 일본에서 보낸 선수이 기에 당연히 KBO 통산 성적에서는 손해를 볼 수밖에 없다. 또 이종범은 수비 부담이 큰 유격수로 전성기를 보낸 선수 다. 상대적으로 수비 부담이 덜한 코너 외야나 1루수 등을 소화한 선수들과 타격 성적을 그대로 비교하는 것 역시 합당한 비교라고 하기 어렵다.

무엇보다 선수 평가에서 가장 중요시돼야 하는 부분은 해당 선수의 전성기 퍼포먼스이다. 그리고 이 부분에 있어 서는 이종범을 따라올 선수가 많지 않다. KBO 역대 단일 시즌 한국인 타자 WAR 1, 2, 3위는 모두 이종범의 것이다. 적어도 KBO 한정으로는 전성기끼리의 비교에서 이종범을 상대로 우위를 점할 선수가 없다는 것이다. 일부 팬들의 의견과는 다르게 필자가 생각했을 때 이종범은 분명 아주 높게 평가받아야 하는 선수다.

일본에 진출해 있던 1998년 이종범은 한국 야구계에

또 다른 선물을 하나 가져왔는데, 다름 아닌 아들 이정후이다. 이종범의 전성기 활약을 직접 보지 못한 현세대 야구팬들은 아들 이정후와 소속팀 후배 김도영을 통해 이종범의 전성기를 간접적으로나마 체험할 수 있었다. 그럼에도 지워지지 않는 아쉬운 점이 있다면 이종범이 아들을 겨우 하나만 낳았다는 것이고, 그 하나뿐인 아들이 필자의 응원팀에서 뛰지 않았다는 것이다.

국민타자가 쏘아 올린
626번의 홈런포

한국 야구 역사상 최고의 타자는 아마 추신수일 것이다. 추신수는 MLB 통산 16시즌 1652경기 동안 타율 0.275 1671 안타 218홈런 157도루 출루율 0.377 OPS 0.824라는 대단한 성적을 남겼다. 다른 한국인 타자들은 MLB에서 한 시즌을 완전히 주전으로 뛴 경우도 손에 꼽는 수준인 걸 고려할 때 추신수가 한국 야구 역사상 최고의 타자라는 사실에는 반론을 제기하기가 매우 어렵다.

그러나 홈런을 치는 능력으로 범위를 제한한다면, 그 추신수조차도 따라잡지 못할 선수가 하나 있다. 바로 이승엽이다. 이승엽은 한일 통산 626개의 홈런을 기록하며 역대 한국인 타자를 통틀어 가장 많은 홈런을 기록했다. 추신수는 한미 통산 272홈런을 기록했는데, 만약 추신수가 이승엽과 같은 시기에 같은 무대에서 뛰었다고 하더라도 이승엽의 홈런 기록을 넘기는 힘들었을 것이다.

통산 626홈런 이상을 기록하려면, 꼬박 21년 동안 매년 30홈런씩 쳐야 한다. 방대한 역사의 메이저리그에도 통산 600홈런을 넘긴 선수는 배리 본즈, 행크 애런, 베이브 루스, 알버트 푸홀스, 알렉스 로드리게스, 윌리 메이스, 켄 그리피 주니어, 짐 토미, 새미 소사 단 9명에 불과하다. 그리고 그 9명 중 본즈와 로드리게스, 소사 3명은 금지 약물을 복용한 것이 적발된 바 있다.

일반적으로 슬러거 하면 우락부락한 거구의 선수를 연상하지만, 이승엽은 호리호리한 체격으로도 곧잘 홈런을 터뜨리곤 했다. 사실 심정수, 박병호, 김동엽 등등 순수한 힘만 놓고 봤을 때는 이승엽보다 위라고 봐도 무방한 선수들이 꽤 있었다. 그러나 그들 중 누구도 이승엽만큼 많이, 그리고 꾸준히 홈런을 치지는 못했다.

메이저리그의 스카우터들은 이런 경우를 두고 'raw power'와 'game power'라는 개념을 사용한다. raw power는 '날 것의 힘'이라는 영어 해석 그대로 선수 본인이 가진 순수한 힘을 말한다. 반면 game power는 선수 본인이 가진 순수한 힘을 경기에서 활용해 장타로 연결하는 능력을 말한다.

그러니까 이승엽보다 raw power가 좋은 선수들은 종종 있었어도, game power가 좋은 선수는 없었기에 누구도 이승엽만큼의 홈런을 치지 못했던 것이다. 달리 해석하면 이승엽의 홈런 치는 기술이 그만큼 좋았다는 뜻이 되기도 한다. 전문가들은 이승엽이 가진 손목 힘에서 이유를 찾기도 한다.

이승엽이 수능을 망쳐 한양대 입학에 실패했다는 이야기는 이미 팬들 사이에서 유명하다. 사실 이승엽이 데뷔하던 시기만 해도 야구 선수들 역시 대학을 마친 후에 프로에 데뷔하는 것이 일반적이었으나, 이제는 거의 대부분의 선수가 고졸로 데뷔해 4년의 시간을 더 벌곤 한다. 이승엽 역시 대학을 가지 않은 것이 결과적으로는 잘된 일이라고 할 수 있을 것이다.

1995년 프로 데뷔 첫해 이승엽은 13개의 홈런을 기록했다. 2년 차엔 홈런은 9개로 줄었으나 0.303으로 커리어 첫 3할 타율을 기록했다. 고졸로 데뷔하는 일 자체가 드물던 시기에 고졸 신인으로 아예 주전급 활약을 했으니, 누가 뭐래도 이승엽 역시 보통 천재형 선수가 아니었던 것 같다.

그리고 3년 차인 1997년 이승엽은 타율 0.329 170안타 32홈런 114타점을 기록하며 홈런, 타점, 안타에서 모두 1위에 올랐고, 1루수 골든글러브와 MVP까지 싹쓸이하는 최고의 한 해를 보낸다. 고졸 선수가 드물던 시기에 고졸 3년 차 선수가 이런 활약상을 선보였으니 2024년의 김도영이 불러일으킨 센세이션과 유사하거나 그 이상이었다고 할 수 있을 것이다. 하지만 이승엽의 홈런 행진은 시작에 불과했다.

1998년 38홈런을 기록하며 홈런 2위에 오른 이승엽은 1999년 다시 한번 대폭발했다. 타율 0.323 54홈런 OPS 1.190을 기록하며 홈런, 타점, 득점, 출루율, 장타율에서 모두 리그 1위에 올랐고, 당시 기준 단일 시즌 KBO 최다 홈런 신기록을 세우고 커리어 두 번째 MVP를 수상했다. 2003년 본인이 이 기록을 다시 경신하지만, 종합적인 성적이 가장 좋았던 것은 역시 1999년이었다.

2000년에는 36홈런으로 홈런 순위 4위를 기록하며 잠시 쉬어간(?) 이승엽은 2001년 39홈런을 기록하며 홈런왕과 MVP를 되찾았다. 2002년에는 47홈런과 OPS 1.125를 기록하며 홈런왕과 MVP 2연패를 달성했으며, 한국시리즈 6차전에서 강렬한 동점 쓰리런을 기록하기도 했다. 1999년이 2002년보다 더 극심한 타고투저였던 것을 감안할 때 2002

년의 활약상 역시 1999년에 밀리지 않는 수준이었다고 평가할 수 있다.

하지만 역시 정점을 찍은 것은 2003년이었다. 그해 이승엽은 56홈런을 기록하며 1964년 오 사다하루가 세운 아시아 단일 시즌 홈런 신기록을 경신했고 홈런왕과 MVP 3연패를 달성했다. 이 기록은 2013년 블라디미르 발렌틴이 60홈런을 칠 때까지 10년 동안 아시아 최다 기록 자리를 유지했으며, 아직도 KBO 리그 단일 시즌 최다 홈런 기록 자리를 지키고 있다.

일본 진출 전 9년간 이승엽은 정확히 연평균 36홈런에 해당하는 통산 324홈런을 기록했으며, 통산 타율 0.305, 통산 출루율 0.407로 정교함과 출루 능력까지 갖춘 완전체 타자였다. 특히 1997년부터는 7년 연속 30홈런 이상을 기록하며 매년 1루수 골든글러브를 수상했고, 무려 5번의 홈런왕과 MVP도 수상했다. 일본 진출 전 이승엽은 그야말로 KBO 리그의 지배자였던 것이다.

이승엽의 일본 커리어는 흔히 '실패'라는 두 글자로 요약되곤 하지만 이는 가혹한 평가라고 생각한다. 물론 이승엽이라는 이름값, 그리고 KBO에서 이승엽이 보여줬던 퍼포먼스에 비해서는 아쉬웠던 것이 사실이지만, 분명 성적이 좋았던 기간도 있었다. 그렇지 않고서야 일본에서 무려 8시즌을 뛰거나 최고 명문팀 요미우리 자이언츠에 입단하는 것은 불가능했을 것이다.

2005년에서 2007년까지 이승엽은 3년 연속 30홈런을 기록하기도 했다. 특히 2006년에는 타율 0.323에 41홈런 OPS 1.003을 기록했는데, 이 한 시즌만큼은 이대호가 일본에서 보여줬던 활약상에도 밀리지 않는다. 이승엽은 일본에서 8시즌 동안 통산 797경기 159홈런을 기록했는데, 일본에서도 풀 시즌을 치르기만 하면 20홈런 이상을 보장하는 장타력을 보여줬던 것이다.

아쉬웠던 일본 생활을 뒤로하고 국내로 복귀한 이승엽은 다시 삼성의 중심타자를 맡아 여전한 장타력을 과시했다. 한국에서의 마지막 6년 동안 무려 5차례나 20홈런 이상을 기록했으며, 특히 2014년에는 다시 30홈런을 기록하기도 했다. 2017년 10월 3일 은퇴 경기에서는 연타석 홈런을 기록하며 마지막까지 자신이 가장 잘하는 것이 무엇인지를 팬들에게 강렬하게 각인시키기도 했다.

이승엽 하면 또 국가대표팀에서의 활약을 빼놓을 수 없다. 시드니 올림픽이나 베이징 올림픽에서처럼 부진하던 와중에도 결정적인 한 방을 기록한 경우도 있었으며, 2006

년 WBC에서는 아예 대회 홈런왕과 타점왕, 그리고 올스타 1루수에 오르기도 했다. 그 WBC 동안만큼은 이승엽이 세계 최고의 타자였던 것이다.

　이러한 국가대표팀에서의 활약상 덕분인지, 전성기 이승엽의 별명은 국민타자였다. 결코 아무에게나 주어지지 않는 명예로운 호칭이었다. 이제는 선수 생활을 끝냈지만, 앞으로도 이승엽이 한국 야구계에 긍정적인 영향을 많이 끼치면서 계속해서 국민들의 사랑을 받기를 기원한다.

세계신기록을 세운
조선의 4번 타자

오늘날 KBO 리그에서 공식적으로 수상하는 공격 부문 타이틀은 총 8개다. 타율, 출루율, 장타율, 안타, 홈런, 도루, 타점, 득점이 바로 그것이다. 이 중 주력의 영향을 아주 많이 받는 도루를 제외하면 실질적인 '타격' 타이틀은 7개라고 봐야 한다. 그렇다면 이 7개의 타이틀을 모두 따내는 선수는 이견의 여지가 없는 최고의 타자일 것이다. 그런데 이런 선수가 나오는 것이 실제로 가능할까?

많은 야구팬들은 응원하는 선수가 홈런을 치는 것을 기대하며 야구장에 가곤 한다. 하지만 응원하는 선수가 홈런을 치는 것은 의외로 쉽게 볼 수 있는 이벤트가 아니다. 한

3장 | 영웅들과 기록들

해에 40홈런 정도를 기록하는 홈런왕도 사실 1년에 100경기가량은 홈런을 치지 못한다. 그렇다면 타자는 과연 몇 경기 연속으로 홈런을 칠 수 있을까?

생각보다 유명한 기록이라 이미 눈치를 챈 사람도 있겠지만, 이 두 질문의 답은 모두 한 선수가, 그것도 한 시즌 만에 답을 내놨다. 그렇다. 바로 2010년의 이대호가 그 주인공이다.

정말 아이러니한 일이지만, 베이브 루스가 그랬고, 또 이승엽이 그랬듯이 이대호 역시 프로 입단은 투수로 했다. 하지만 이대호의 장타력, 그리고 유연함을 알아본 코치진은 타자 전향을 권유했고, 그렇게 우리가 아는 이대호가 탄생했다. 참고로 '타격의 달인' 장효조 역시 거구임에도 불구하고 유연한 몸을 가진 이대호가 최고의 타자가 될 것이라 예상하기도 했다.

이대호가 타격 다관왕에 오른 것은 사실 2010년이 처음이 아니었다. 2006년 이대호는 이미 타율 0.339 26홈런 88타점으로 세 부문 타이틀을 모두 석권하는 '트리플 크라운'에 장타율 1위까지 차지하며 타격 4관왕에 오른 바 있다. 2006년 이대호의 타자 트리플 크라운은 1984년 이만수 이후 22년 만에 처음 나오는 진기한 기록이었다.

하지만 이 기록은 그다지 주목을 받지 못했다. 바로 '괴물' 류현진이 데뷔 첫해부터 투수 트리플 크라운을 차지했기 때문이다. 류현진은 그해 18승과 204탈삼진, 그리고 평균자책점 2.23을 기록하며 세 부문에서 모두 1위에 올랐고 팀까지 한국시리즈에 올라 신인왕과 MVP를 싹쓸이했다. 투고타저 시즌의 영향 때문인지 타이틀 홀더치고 그다지 홈런과 타점이 많지 않았고 팀 성적도 좋지 못했던 이대호는 상대적으로 주목을 덜 받을 수밖에 없었다.

하지만 2010년의 경우에는 완전히 달랐다. 류현진은 타고타저임에도 불구하고 16승과 187탈삼진, 그리고 평균자책점 1.92를 기록하며 2006년보다 더 좋은 성적을 기록했지만 팀이 최하위를 기록하면서 연일 홈런포를 기록하고 팀을 포스트시즌으로 이끈 이대호에게 스포트라이트를 빼앗기고 말았다.

2010년 이대호의 활약에는 '페이스메이커' 홍성흔의 도움 역시 컸다. 이해 홍성흔은 타율 0.350 151안타 26홈런 116타점 장타율 0.601 등의 기록을 남기며 타율, 타점, 안타, 장타율 4개 부문에서 이대호에 이은 2위에 올랐다. 윤석민의 공에 손등을 맞는 등 부상으로 인해 111경기 출장에 그친 것이 아쉬웠는데, 페이스를 고려할 때 133경기 전

경기에 출장했으면 안타와 타점은 이대호가 아닌 홍성흔이 1위를 차지했을지도 모른다.

이대호는 2010년 한 해 내내 맹타를 휘둘렀지만, 하이라이트는 역시 9경기 연속 홈런을 기록한 8월이었다. 이대호는 이해 8월에만 9경기 연속 홈런을 포함해 무려 11개의 홈런을 기록했다. 전체 홈런의 4분의 1을 한 달 동안 몰아친 것이다. 이해 8월에 이대호를 상대했던 투수들이 느꼈을 공포감은 이루 말할 수 없었을 것이다.

사실 9경기 연속 홈런의 시작은 아주 미약했다. 8월 4일 잠실 두산전 7회초 무사에서 김선우의 5구를 받아친 좌월 솔로홈런이었는데 이미 소속팀 롯데는 0:12로 끌려가고 있는 상황이었다. 결국 경기는 4:13으로 롯데가 패했고, 이대호는 커리어 첫 30홈런을 친 것에 만족하게 될 줄 알았을 것이다. 하지만 기록은 이제부터 시작이었다.

다음 날 같은 구장에서 같은 상대를 만나 이번에는 롯데가 1:0으로 이기고 있는 4회초 1사 주자 2루, 이대호는 임태훈의 4구를 받아쳐 좌익선상으로 끌어당겼고, 빨랫줄 같은 이 타구가 그대로 담장을 넘어가며 이대호는 시즌 31호 홈런과 두 경기 연속 홈런을 기록하게 됐다. 팀도 이대호의 홈런에 힘입어 4:1로 승리했다.

8월 6일부터 롯데와 이대호는 대전으로 넘어와 한화와 주말 3연전을 갖게 됐다. 롯데가 9:3으로 앞선 8회초 2사 1루에서 이대호는 정재원의 4구를 잡아당겨 좌측으로 높은 포물선을 그렸고, 이 타구는 그대로 좌측 담장을 넘어갔다. 이대호는 시즌 32호 홈런과 함께 3경기 연속 홈런을 기록하게 됐고, 팀도 한화에게 11:3 완승을 거뒀다.

　　다음 날 4회초 0:4로 지고 있는 2사 1루, 1루 주자가 스타트를 끊은 상황에서 안승민의 2구째를 받아친 이대호의 타구는 그대로 센터 방향으로 한참을 떠가더니 그대로 담장을 넘어가 버렸다. 시즌 33호 홈런이자 4경기 연속 홈런, 하지만 팀은 한화에게 4:12로 완패했다.

　　주말 3연전의 마지막 날, 이대호가 상대하게 된 한화의 선발투수는 다름 아닌 류현진이었다. 앞선 3타석 동안 류현진에게 고전하며 안타를 기록하지 못한 이대호였지만, 마지막 타석에서는 달랐다. 8회초 0:3으로 지고 있는 1사 주자 1루 상황에서 류현진이 몸쪽으로 던진 초구를 이대호는 놓치지 않았고, 그대로 좌중간 담장을 넘기는 투런홈런으로 연결했다. 류현진을 강판시킨 시즌 34호 홈런이자 5경기 연속 홈런. 하지만 팀은 2:4로 패하고 말았다.

　　이후 9일은 월요일 휴식일이었고, 10일은 우천으로

2회 노게임이 되면서 이대호의 홈런포가 다시 터지는 데는 사흘이 걸렸다. 이대호는 이날 롯데가 2:0으로 앞선 3회말 2사 주자 1루 상황에서 배영수의 2구를 받아쳤고 이 공은 그대로 중견수 쪽 담장을 훌쩍 넘는 투런포가 됐다. 35호 홈런이자 6경기 연속 홈런으로 이대호는 이승엽, 찰스 스미스, 이호준의 종전 KBO 기록과 타이를 이뤘고, 팀도 삼성에게 8:2 승리를 거뒀다.

다음 날 이대호는 사직에서 삼성을 다시 만났고, 7:4로 뒤진 7회말 2사 1루에서 안지만을 상대하게 됐다. 안지만의 초구가 몸쪽 높게 들어오자 이대호는 망설이지 않고 배트를 돌렸고, 이 타구는 좌중간 관중석 중간에 꽂히는 대형 홈런이 됐다. 시즌 36호 홈런이자 7경기 연속 홈런, 그리고 KBO 신기록이었지만 팀은 7:10으로 패했다.

8월 13일부터 롯데와 이대호는 광주에서 KIA와 주말 3연전을 치렀다. 3연전의 첫 경기 0:2로 롯데가 지고 있는 7회초 선두타자로 나선 이대호는 전년도 투수 골든글러브 수상자 아킬리노 로페즈의 5구째를 받아쳐 좌측으로 총알같은 타구를 보냈고, 이 타구는 그대로 담장을 넘으며 시즌 36호 홈런이 됐다. 켄 그리피 주니어, 돈 매팅리, 대일 롱 등이 갖고 있던 종전 세계 기록과 타이를 이루는 8경기 연속 홈런. 하지만 팀은 2:7로 패했다.

그리고 대망의 8월 14일, 롯데가 3:0으로 앞서고 있는 2회초 1사 주자 1, 2루 상황에서 이대호는 김희걸의 2구째를 받아쳐 가운데 담장을 넘기며 시즌 37호 홈런과 세계신기록에 해당하는 9경기 연속 홈런을 완성했다. 팀도 10:2 대승을 거두며 이대호의 대기록 달성에 기쁨을 더했다.

8월 15일 KIA와의 주말 3연전 마지막 날 이대호는 4타수 1안타로, 단타 하나에 그치며 연속 경기 홈런 기록을 9경기에서 멈춰야 했다. 월요일 휴식일 이후 맞은 8월 17일 SK 원정에서 다시 홈런을 쳤기에 11경기 연속 홈런으로 기록을 이어가지 못한 것이 못내 아쉽게 느껴질 수 있는 상황이었지만, 그래도 한·미·일 프로야구 리그를 모두 통틀어 한 번도 나오지 않았던 기록을 달성했다는 것은 분명 의미 있었다.

이대호는 2010년을 타율 0.364 출루율 0.444 장타율 0.667 174안타 44홈런 133타점 99득점이라는 아름다운 성적으로 마무리했다. 언급한 7개 부문에서 이대호보다 나은 성적을 기록한 선수는 단 하나도 없었고, 숫자 하나하나가 모두 다른 선수가 범접할 수 없을 정도로 훌륭한 수준이었음이 분명했다. 3루수 부문 골든글러브와 정규시즌 MVP는 의심의 여지 없이 이대호의 것이었다.

여담이지만 이대호가 따지 못한 단 하나의 공격 부문인 도루는 LG 이대형이 66도루로 1위를 차지했는데, 이대호 역시 단 66개의 도루만 더 했다면 도루왕까지 따내고 타격 전 부문 석권이 가능했으나 근소한(?) 차이로 아깝게(?) 실패하고 말았다. 참고로 이해 1도루 이상 기록한 선수는 모두 121명이었다. 그러니까 이대호는 도루 부문 공동 122위에 오른 셈이다.

　　2010년 이후에도 이대호의 상복은 계속됐다. 2011년에는 타율 0.357 출루율 0.433 176안타로 타격 3관왕을 차지하며 골든글러브를 수상했고, 일본프로야구에 진출한 2012년에는 91타점으로 타점왕에 오르고 베스트 나인에도 선정됐다. 이어 2015년에는 베스트 나인에 선정됨은 물론 재팬 시리즈 MVP에까지 올랐다. 2017년 국내에 복귀한 이대호는 골든글러브 3개를 추가, 특히 은퇴 시즌에도 골든글러브를 수상하며 화려하게 커리어를 마무리했다.

경기 종료를 알리는 돌부처의 종소리

마무리투수는 야구에서 가장 정신적으로 힘든 보직 중 하나이다. 기본적으로 긴장감이 팽팽하게 조성된 상황에서 등판하게 되며, 부진할 경우 패전투수가 될 확률이 높고 수많은 조롱에 직면하기에 정말 어지간히 멘탈이 좋은 선수가 아닌 이상 맡기 어려운 보직이다. MLB 명예의 전당에 만장일치로 입성한 그 마리아노 리베라조차도 팀의 우승이 달린 2001년 월드시리즈 7차전을 망친 기억이 있다.

하지만 반대로 강력한 마무리투수는 그 존재 자체로 상대 타자들에게 위압감을 느끼게 할 수 있으며, 그래서인지 마무리투수들은 등장 음악부터 웅장한 곡으로 고르기 마련이다. 메탈리카의 〈엔터 샌드맨(Enter Sandman)〉을 사용하던 마리아노 리베라, AC/DC의 〈헬스 벨스(Hells Bells)〉를 사용하던 트레버 호프먼, 블래스터잭스 & 티미 트럼펫의 〈나르코(Narco)〉를 사용하는 에드윈 디아즈 등을 예로 들 수 있을 것이다.

하지만 국내 야구팬들에게 가장 유명한 사례는 오승환이 사용하는 넥스트의 〈Lazenca, Save Us〉일 것이다. 종소리에 뒤따르는 웅장한 등장곡은 정말로 상대 타자들에게 이미 경기가 끝났다고 느끼게 하기 충분했으며, 팬들마저도 오승환이 나오면 경기장을 떠나거나 TV를 끄는 경우가 많았다. 전성기의 오승환은 그런 투수였다.

오승환은 데뷔 첫해부터 '기록의 사나이'의 면모를 제대로 보여줬다. 2005년 그는 무려 61경기 99이닝을 던지며 평균자책점 1.10 115탈삼진 10승 11홀드 16세이브를 기록했다. 신인이 팀의 마무리 자리를 차지한 것도 놀랍지만, 무엇보다 10승 10홀드 10세이브를 한 시즌에 동시에 달성한 것은 역대 최초였다. 이해 오승환은 당연히 신인왕을 차지했으며, 한국시리즈 MVP에 오르기도 했다.

2006년에도 오승환은 새로운 기록을 만들었다. 63경기 79.1이닝 동안 109탈삼진을 잡아내며 평균자책점 1.59와 47

세이브로 커리어 첫 세이브왕에 오른 것은 물론, 당시 기준 아시아 단일 시즌 최다 세이브 신기록을 세웠다. KBO 종전 최다 기록은 2000년 진필중이 세운 42세이브였는데, 이를 갈아치우고 2017년 후쿠오카 소프트뱅크 호크스의 데니스 사파테가 경신하기 전까지 아시아 단일 시즌 최다 기록을 유지했다.

오승환은 2007년과 2008년에도 건재했고, 3년 연속 구원왕에 올랐다. 하지만 좋은 불펜투수는 혹사를 피하기 어려운 법. 오승환도 커리어 첫 2년 동안 일반적인 불펜투수에 비해 훨씬 많은 이닝을 던졌고, 이로 인해 팔꿈치에 무리가 온 것인지 2009년과 2010년에는 4점대의 높은 평균자책점을 기록하며 부진했다.

절치부심한 오승환은 2011년 다시 한번 47세이브를 기록하며 종전 자신의 기록과 타이를 이뤘고, 평균자책점 0.63이라는 철벽 모드를 선보이며 커리어 두 번째 한국시리즈 MVP도 차지했다. 이어 2012년에는 평균자책점 1.94와 37세이브로 2년 연속 세이브 1위에 올랐고, 일본 진출 전 마지막 시즌인 2013년에는 세이브 1위에는 오르지 못했지만 평균자책점 1.74와 28세이브로 유종의 미를 거두고 한국 무대를 떠났다.

필자가 기억하는 오승환은 바로 이 시기의 오승환으로, 이 당시 오승환을 상대로는 정말 주자 하나를 출루시키는 것도 어려웠다. 날짜까지 정확하게 기억하는 2012년 4월 24일, 필자가 응원하는 팀은 오승환을 상대로 무려 6점을 뽑으며 대역전극을 펼친 적이 있는데, 필자는 이 경기 하이라이트를 아직까지도 돌려본다. 그만큼 믿기 어려운 일이었기 때문이다.

이후 NPB에 진출한 오승환은 자신의 돌직구가 일본에서도 통한다는 것을 증명했다. 2014년에는 66.2이닝 동안 평균자책점 1.76 81탈삼진 39세이브를 기록하며 난공불락의 모습을 보였고, 2015년에는 평균자책점은 2.73으로 상승했지만 69.1이닝 동안 44세이브 66탈삼진으로 2년 연속 세이브 1위에 올랐다. 도박에 연루되며 커리어에 오점을 남긴 것 역시 이해이기도 했다.

일본 무대를 평정한 오승환의 다음 행선지는 미국이었다. 2016년부터 2019년 중반까지 약 3년 반 동안 오승환은 MLB에서 225.2이닝을 던지면서 16승 45홀드 42세이브 평균자책점 3.31 252탈삼진을 기록했다. 만 33세에서 36세 사이의 전성기가 지난 나이에 남긴 기록이라는 점에서 더욱 고평가할 만하며, 특히 2016년에는 79.2이닝 14홀드 19세이브 평균자책점 1.92 103탈삼진으로 리그 정상급이라고 해도 손색이 없는 성적을 보여줬다.

2019년 중반 삼성 복귀를 선언한 오승환은 도박으로 인한 징계 소화를 마치고 2020년 7년 만에 다시 삼성 유니폼을 입고 공을 던졌다. 2021년에는 2.03의 평균자책점과 44세이브를 기록하는 전성기에 준하는 모습으로 또다시 세이브왕에 올랐다. 2022년과 2023년에도 평균자책점은 3점대로 올랐지만 여전히 30세이브 이상을 기록하며 건재한 모습을 보였다.

2024년에도 오승환은 전반기 3점대 평균자책점과 함께 24세이브를 거두며 또 한 번 세이브왕에 도전하는 듯했다. 그러나 후반기 오승환은 무려 7점대의 평균자책점을 기록하는 충격적인 부진을 경험하고 결국 마무리 보직을 내려놔야 했다. 소속팀 삼성은 플레이오프를 거쳐 한국시리즈 무대까지 밟았지만, 엔트리에서 오승환의 이름은 찾아볼 수 없었다.

아직 서른도 채 되지 않은 입장에서 할 말은 아니지만, 2024년 오승환의 부진을 보면서 필자는 나이를 먹고 있음을 체감했다. 필자가 초등학생에서 중학생이던 시절 오승환은 그야말로 난공불락이었지만, 이제 더 이상 오승환은 난공불락이 아니며 필자 역시 더 이상 초등학생이나 중학생이 아닌 성인이 됐다.

　오승환의 한·미·일 통산 세이브 숫자는 549개. 방대한 역사의 메이저리그에도 오승환보다 많은 세이브를 기록한 선수는 마리아노 리베라(652)와 트레버 호프먼(601)밖에 없다. 시간의 흐름은 멈출 수 없기에 아마 오승환이 현역으로 뛰는 것은 올해나 내년이 마지막일 것이다. 오승환이 작년 후반기와 같은 모습으로 은퇴하게 된다면 많은 야구팬들은 씁쓸함을 느낄 것 같다. 필자 역시 삼성 팬은 아니지만 그가 건재한 모습으로 은퇴할 수 있기를 기원한다.

1000만 관중을 열광시킨 슈퍼스타

2024년은 KBO 리그 역사에 길이 남을 한 해였다. 대한민국 모든 프로 스포츠를 통틀어 최초로 1000만 관중을 돌파했기 때문이다. 사실 그 이전에도 KBO 리그는 대한민국 프로 스포츠에서 경쟁 대상이 없는 압도적인 최고 인기 리그였지만, 2024년을 통해 한 번 더 그 지위를 굳혔다.

그리고 그 2024년의 KBO 리그에서 가장 많은 사랑을 받은 선수는 역시 김도영이었다. 만 20세의 김도영은 나이가 믿기지 않는 퍼포먼스를 통해 리그 최고의 선수로 자리매김했다. KBO 리그 단일 시즌 최다 득점 신기록과 KBO 리그 역대 최초의 내추럴 사이클링 히트를 기록했음은 물론이다. 실력과 외모, 스타성을 모두 갖춘 김도영의 활약에 KIA 팬들은 연일 "도영아 니땀시 살어야"를 외쳤고, 타 팀 팬들은 그저 부러움의 눈빛으로 바라볼 뿐이었다.

김도영의 스타성은 프로 데뷔 이전부터 시작됐다. 2021년 신인 드래프트를 앞두고 KIA 팬들은 행복한 고민거리에 빠져 있었다. 문동주와 김도영 중 어떤 선수를 뽑아야 하는가의 고민이었다. 그리고 모두가 알다시피 KIA의 선택은 김도영이었다. 이후 문동주는 한화에 지명됐지만 두 선수의 라이벌리, 이른바 '문김대전'이 계속됐다.

데뷔 첫해 김도영은 가능성을 보였다. 4월 9일 SSG 랜더스와의 원정경기에서 김광현을 상대로 데뷔 첫 안타를 기록했으며, 7월 1일에는 또다시 SSG 랜더스를 상대로 프로 데뷔 첫 홈런을 기록했다. 김도영의 2022년 성적은 103경기 타율 0.237 3홈런 13도루로 표면적으로는 좋다고 하기 어려우나 고졸 신인의 데뷔 첫해 시즌임을 감안하면 충분히 훌륭했다.

2년 차인 2023년은 김도영이 많은 발전을 이뤄낸 시즌이었지만, 동시에 많은 아쉬움도 남긴 시즌이었다. 개막 이후 두 번째 경기부터 부상을 당하는 바람에 84경기 출장에 그친 것이다. 하지만 그런 와중에도 성적은 타율 0.303 103

안타 7홈런 25도루 OPS 0.824로 훌륭했다. 부상으로 항저우 아시안게임 대표팀에서 제외됐으며, 시즌 종료 후 APBC에는 선발됐으나 헤드퍼스트 슬라이딩을 하다 손가락 부상을 당하며 2024년 초반을 날리게 됐다.

김도영이 부상으로 주춤하는 사이 문김대전에서 문동주가 앞서는 듯 보였다. 문동주는 2023년 KBO 리그 토종 투수 최초의 160km/h를 던졌고, 항저우 아시안게임에서 금메달을 획득하며 병역 이행이라는 중요한 과제를 사실상 해결했다. 이에 더해 시즌이 끝난 후에는 신인왕으로 선정되기도 하는 등 그야말로 리그의 주목을 독차지하는 영건으로 등극했다.

문김대전의 승리를 자신한 일부 악성 한화 팬들은 KIA 팬들의 커뮤니티에 찾아가 KIA가 문동주를 지명하지 않아 한화가 지명할 수 있었다는 뜻으로 연일 "문동주 갓맙다('god+고맙다'로 만들어진 신조어)"를 외치며 KIA 팬들을 놀려댔다. 그들은 상황이 이렇게 빨리 급변할 줄은 몰랐을 것이다.

2023년이 김도영에게 아쉬움이 많이 남는 한 해였지만, 김도영을 상징하는 여러 밈들이 탄생한 해이기도 하다. 2023년 3월 "도영아 니땀시 살어야"라고 쓰인 스케치북이 중계에 잡힌 적이 있었는데, 이후 김도영 본인이 이 사진을

SNS 프로필 사진으로 사용하며 화제가 됐다. 이 문구는 김도영이 맹활약하던 2024년 야구계를 수놓았다.

2023년 7월 16일에는 김도영 본인이 SNS에 "그런 날 있잖아 손에 우산은 있지만 비를 맞으며 무작정 앞만 보고 달리고 싶은... 그런 날"이란 글을 남긴 적 있는데 이 오글거리는 멘트 역시 바로 화제가 됐다. 이 멘트는 아예 한술 더 떠서 야구계가 아닌 곳에서도 자주 쓰이곤 했다.

사실 성공적인 밈이 되는 것도 아무나 할 수 있는 것은 아니다. 같은 말, 같은 행동을 해도 더 재미있게 하는 사람이 있고, 더 화제가 되는 사람이 있다. 필자는 이러한 특성을 스타성이라고 생각한다. 그리고 '밈 제조기' 김도영은 바로 이런 스타성을 갖춘 선수다. 김도영의 활약이 특히 한국 야구 발전에 더 도움이 되는 이유이다.

스타성을 과시했지만 아쉬움도 남긴 2023년을 뒤로하고 맞은 2024년, 김도영은 초반을 재활로 날리며 어려운 시즌이 될 것처럼 보였다. 하지만 모두가 아는 것처럼 2024년 김도영은 자신의 재능을 유감없이 선보였다. 기록에 초점을 맞추어 내용을 전개하는 것이 이 책의 서술 방식이지만, 김도영은 세운 기록이 너무 많아 무엇을 언급해야 할지 꽤나 고민이 많았다.

먼저 4월, 김도영은 한 달 동안 10홈런–14도루를 기록하며 KBO 역사상 최초로 월간 10홈런–10도루를 달성한 선수가 됐다. 이종범, 박재홍, 에릭 테임즈 등 당대의 내로라하는 호타준족들도 해내지 못한 것을 김도영이 가장 먼저 해낸 것이다. 홈런과 도루 외에도 김도영은 4월 한 달 동안 0.385의 타율과 OPS 1.176을 기록하며 맹타를 휘둘렀다.

7월 23일 홈에서 열린 NC 다이노스와의 경기에서는 KBO 역대 31번째 사이클링 히트를 기록한 바 있다. 김도영의 이 사이클링 히트가 더욱 특별했던 이유는 KBO 역사상 최초로 1루타, 2루타, 3루타, 홈런을 순서대로 기록한 '내추럴 사이클링 히트'였기 때문이다. 김도영은 1회 안타, 3회말 2루타, 5회말 3루타, 6회말 홈런으로 정확하게 4타석 만에 내추럴 사이클링 히트를 완성했다.

사실 그냥 사이클링 히트면 사이클링 히트지 내추럴 사이클링 히트라고 더 특별하고 과하게 의미 부여할 것은 무엇인가 하는 의문이 들 수 있다. 설득력 있는 의문이다. 하지만 과한 의미 부여야말로 야구, 아니 스포츠라는 시스템 전반을 지탱하는 근본이다.

필자의 응원팀 선수도 사이클링 히트에 2루타만을 남겨둔 적이 있었다. 그 선수는 마지막 타석에서 정말로 외야수가 처리하기 까다로운 장타성 타구를 날렸고, 얼핏 보면 3루까지 뛰는 것도 가능해 보였다. 그러나 경기를 보던 필자와 팬들은 한마음 한뜻으로 '멈춰'를 외쳤고, 해당 선수 역시 일말의 고민 없이 2루를 앞두고 속도를 줄이며 멈췄다. 기록원이 이 타구를 2루타로 기록하자 다들 환호성을 내질렀다.

당연히 3루타가 2루타보다 팀 승리에 더 도움이 된다. 통상적으로 3루타는 2루타보다 약 0.3점 정도 높은 득점 가치를 지닌다. 그 선수가 마지막 타석에서 기록한 것이 3루타였다면 사이클링 히트를 달성하는 것보다 팀의 승리에 더 많은 도움이 됐을 것이다. 하지만 이런 의미 부여가 없다면 애초에 스포츠는 생겨나지도 않았다.

노골적으로 이야기해보자. 다 큰 성인들이 공을 던지고 그걸 방망이로 치고, 다시 가죽 덩어리로 잡는 이 일련의 놀이 행위에는 도대체 어떤 의미가 있는가? 그 과정에선 절대 직접적으로 먹거리가 생산되지도 않고, 직접적으로 옷이 만들어지는 것도 아니며, 직접적으로 집이 지어지지도 않는다. 그렇지만 우리는 이 일련의 행위를 '야구'라고 과하게 의미 부여했고, 지금껏 즐기고 있다.

그러니까 당신이 야구팬이라면 당신은 이미 과한 의

미 부여에 암묵적으로 합의한 셈이다. 한 경기에 홈런 2개, 2루타 2개를 치는 게 팀에게 더 도움이 된다는 걸 알면서도 1루타, 2루타, 3루타, 홈런을 모두 치는 게 사이클링 히트라는 끼워 맞추기에 장단을 맞춰줘야 한다. 그러면 여기서 더 나아가 1루타, 2루타, 3루타, 홈런이 순서대로 나온 걸 내추럴 사이클링 히트라고 부르고 더 열광한들 그게 뭐 그리 과한가?

8월 15일 키움 원정에서 김도영은 역대 최연소이자 최소 경기 30-30 클럽에 가입했다. 소속팀 KIA가 시즌 막판 넉넉한 선두를 달려 김도영이 편하게 40-40에도 도전할 수 있는 환경이 조성됐으나, 홈런 2개가 모자라 40-40에는 실패하고 말았다. 필자 역시 그럴 권한만 있다면 KIA와의 경기에서 김도영에게 홈런을 내주고 응원하는 팀의 승리를 받아오고 싶었으나, 경기는 필자의 희망과는 반대로 전개되곤 했다.

김도영의 정규시즌 최종 성적은 141경기 타율 0.347 189안타 38홈런 40도루 143득점 장타율 0.647 OPS 1.067로 그야말로 흠잡을 곳이 없었다. 득점과 장타율은 리그 1위에 해당했으며, 스탯티즈에서 책정한 WAR 역시 8.32로 1위를 차지했고 소속팀 KIA마저 통합 우승을 차지했다. 3루수 골든글러브는 물론 정규시즌 MVP 역시 김도영의 것이었다. 시상식에서 김도영은 '그런 날 있잖아'를 다시 언급하며 낭만적인 서사를 완성했다.

김도영이 남긴 기록 중 특히 143득점은 KBO 역대 단일 시즌 최다 득점 기록에 해당했다. 141경기에 나섰으니 출전할 때마다 1번 이상 홈을 밟은 것이다. 0.420의 높은 출루율을 바탕으로 안타와 사사구를 합쳐 262차례나 출루에 성공했고, 40도루를 기록할 정도로 빠른 발을 가졌으니 그야말로 득점을 기록하기 최적의 조건이었다. 물론 활발한 타격으로 김도영을 열심히 불러들인 KIA 타자들의 도움 역시 빼놓을 수 없을 것이다.

시즌이 끝나고 열린 프리미어12 대표팀에도 김도영은 당연히 선발됐고, 대표팀의 3번 타자를 맡았다. 특히 쿠바와의 경기에서는 NPB 최고의 투수 중 하나인 리반 모이넬로를 상대로 만루홈런을 치는 등 맹활약을 선보였다. 대회 동안 타 팀 팬들은 '김도영 체험판'을 즐겼으나, 대회 종료 후 저 김도영을 다시 리그에서 상대해야 한다는 사실에 좌절했다.

김도영은 2003년생으로 이제 겨우 만 21세에 불과하며 필자보다도 어리다. 하지만 언행 하나하나에서 성숙함이 느껴지기에 그가 성공을 이어나갈 것이라 믿어 의심치 않는다. 굳이 바라는 거라면, 국제대회에서 대표팀을 더욱 빛내주고, 필자가 응원하는 팀을 상대할 때는 굳이 전력을 다하지 말고, 해외에 진출할 기회가 생기면 망설이지 않는 것 정도가 있을 것이다.

4장

인간의 한계를
넘어선 선수들

꼴찌팀에 찾아온
구원자

2024년 KBO 리그에서 가장 많은 이닝을 던진 투수는 196.1 이닝을 던진 롯데 자이언츠의 애런 월커슨이었다. 토종 투수 중 가장 많은 이닝을 던진 투수도 역시 롯데 자이언츠 소속인 박세웅으로 173.1이닝을 소화했다. KBO 리그에서 마지막으로 한 시즌 200이닝 이상을 던진 선수는 2020년 kt wiz에서 뛴 오드리사머 데스파이네로 207.2이닝을 소화했다. 토종 투수로 한정하자면 2016년 200.1이닝을 던진 KIA 의 양현종이 마지막이었다.

이미 MLB에서는 지친 선발투수를 6~7이닝 이상 끌고 가는 것보다 불펜진을 빠르게 가동하는 것이 더 효율적이라는 것을 통계 분석을 통해 깨달았다. 전문 선발투수 없이 아예 계투진으로만 한 경기를 마무리하는 불펜 데이 전략을 구사하기도 한다. MLB의 통계 활용을 따라잡기에는 아직 멀었지만, 어깨너머로 배운 KBO 리그도 점차 불펜 활용을 늘리는 추세이다. 그러다 보니 200이닝을 던지는 선발투수는 점점 더 보기 힘들어질 것이 유력하다.

그런데 만약 그 200이닝의 2배인 400이닝을 던지는 투수가 있다면 어떨까? 요즘은 야구 게임들도 리얼리티를 추구하기에 400이닝은 게임에서도 구현하기 힘든 기록이다. 난이도 높은 리그 모드를 플레이한다면 아무리 좋은 투수 카드라도 결국엔 체력이 다해 400이닝에 도달하지 못할 것이다. 하지만 KBO 리그에는 딱 한 명, 실제로 단일 시즌 400이닝을 던진 선수가 있다. 바로 1983년 427.1이닝을 던지고 30승을 거둔 삼미 슈퍼스타즈의 장명부이다.

삼미 슈퍼스타즈는 약팀의 대명사로 널리 활용된다. 그들의 이야기를 다룬 〈슈퍼스타 감사용〉이나 〈삼미 슈퍼스타즈의 마지막 팬클럽〉과 같은 작품에서도 잘 엿볼 수 있는 부분이다. 실제로 삼미 슈퍼스타즈는 4번의 전기 리그와 3번의 후기 리그를 치르는 동안 무려 5번의 최하위를 차지했다. 하지만 놀랍게도 나머지 2번은 전부 2위를 차지하는 기대 이상의 성적을 거뒀는데, 그게 바로 장명부가 투혼을 발휘한 1983년 전기와 후기 리그였다.

1982년 삼미는 아직도 깨지지 않은 역대 최악의 승률 0.188(15승 65패)을 기록했다. 도저히 이를 용납할 수 없었던 삼미 구단 고위층은 특단의 대책을 강구했고 그 결과가 바로 장명부 영입이었다. 장명부는 그 당시 NPB에서 13시즌을 뛰며 91승 9세이브를 거두고 올스타 3회, 승률왕 1회라는 화려한 커리어를 자랑하던 베테랑 투수였다. 그즈음 한국을 찾은 재일교포들 가운데에서도 장명부의 이름값은 당연히 김일용, 김기태 등과 함께 최고 수준이었다.

시즌을 앞두고 가진 구단 수뇌부와의 회식 자리에서 문제의 사건이 발생했다. 삼미의 허형 사장이 장명부의 시즌 목표로 20승을 언급하자 장명부는 한술 더 떠서 30승을 하겠다고 공언한 것. 허형 사장은 30승을 하겠다는 장명부의 이야기를 농담으로 받아들여 30승을 하면 1억을 보너스로 주겠다고 받아쳤고, 장명부는 삼미 구단을 믿었기에 별도로 각서나 계약서 등으로 문서화하지 않으면서 양측의 생각이 엇갈리고 만다.

뭐가 됐든 1억이라는 거액이 장명부에게 큰 동기부여가 됐던 것은 확실해 보인다. 장명부는 국내 타자들의 비디

오를 시청하고, 삼성 캠프에서 함께 훈련하며 당대 최고의 타자였던 장효조를 분석하는 등 치밀하게 시즌을 준비했다. 그러는 와중에도 시범경기에서는 본인의 실력을 숨기는 지능적인 면모까지 보였다. 괜히 그에게 '너구리'라는 별명이 붙었던 것이 아니다.

4월 3일 구덕야구장에서 열린 롯데와의 개막 첫 경기, 장명부는 7이닝 동안 128구를 던지며 1실점으로 롯데 타선을 막아냈고, 팀이 10:4 승리를 거두며 기분 좋게 첫 승을 따낸다. 그리고 이것이 아마 이해 장명부의 가장 상식적인 등판이었을 것이다. 이후의 장명부 등판 일지를 처음 봤을 때 필자는 그냥 헛웃음을 터뜨렸다.

첫 경기 후 고작 이틀을 쉰 장명부는 4월 6일 MBC를 상대로 115구를 던지며 9이닝 1실점 완투를 기록했으나, 상대 선발 하기룡이 완봉승을 하는 바람에 패전을 떠안았다. 이후 장명부는 5일의 휴식을 갖게 되는데, 이것이 전반기 마지막 등판 이전까지 장명부의 유일한 4일 이상 휴식이었다. 그리고 이 5일 휴식 후 장명부는 원정에서 OB를 상대로 13이닝 188구 완투승을 기록한다.

13이닝 188구를 던진 장명부는 다시 이틀만 쉬고 이번에는 홈에서 OB를 상대했으나 6실점으로 난조를 보였고,

9이닝 135구 완투패를 기록했다. 그리고 다시 고작 하루를 쉰 장명부는 해태를 상대로 국내 무대 첫 구원 등판을 했고, 2이닝 무실점으로 국내 무대 첫 세이브를 챙겼다. 그 뒤 장명부는 본격적으로 정말 인간이 맞나 싶은 퍼포먼스를 보여준다.

해태전에서의 세이브 이후 이틀을 쉬고 나간 삼성전에서의 완투승을 시작으로 장명부는 무려 16경기 연속 완투를 기록했다. 이 중에는 10이닝 완투와 12이닝 완투도 각각 2번씩 포함됐고, 이 기간 동안 가장 많이 쉰 것은 겨우 3일이었으며, 심지어는 하루 휴식만 취하고 등판한 것도 무려 5차례나 됐다. 이렇게 혹사를 당하는 와중에도 장명부의 강력함은 여전했고, 5월 8일부터 5월 29일까지는 무려 8연승을 질주하기도 했다.

장명부의 이러한 완투 행진은 6월 7일 해태전 7.1이닝 118구 6자책 패전으로 인해 끝났다. 하루를 쉬고 다시 나온 해태전에서도 장명부는 2이닝만 던지며 패전투수가 되고 말았다. 전기 리그 1위를 노리던 삼미도 결국 이 기간의 연패로 해태에게 선두를 넘겨주고 말았다. 3일을 쉰 장명부는 원정 삼성전에서 10이닝 완투승을 거두며 전기 리그 마지막 승리를 거뒀고, 이후 두 경기에 더 나온 뒤 전기 리그를 마무리했다.

전기 리그 장명부의 최종 성적은 26경기 215.2이닝 17승 1세이브 평균자책점 2.38이었다. 완투는 무려 20번이나 기록했다. 놀라지 말아야 할 것은 이것이 전기 리그, 즉 전체 시즌의 절반만 끝낸 시점에서의 성적이라는 것이다. 참고로 2024년 KBO 리그의 그 어떤 투수도 1983년 전반기의 장명부보다 많은 이닝 혹은 승리를 기록하지 못했다. 전기 리그까지만 던진 장명부가 이미 다른 해 최고의 투수들보다 더 나은 성적을 기록했던 것이다.

올스타전에서 베스트 선발투수로 선정된 장명부는 2경기 3.1이닝을 던졌고, 5일 휴식 이후 7월 10일 삼성 원정에서 후기 리그 첫 등판을 9이닝 2실점 108구 완투승으로 장식했다. 하루 휴식만 취한 후 MBC전에서 2.2이닝 세이브를 기록했고, 바로 그다음 날 또 MBC를 상대로 9이닝 1비자책 완투승을 기록했다. 전반기 장명부가 대부분의 경기를 선발로 나서 완투했다면, 후반기 장명부는 구원 등판까지 병행하며 더 자주 마운드에 올랐다.

압권은 8월 29~31일의 3연투였다. 8월 25일 롯데 원정에서 8이닝 115구를 던진 장명부는 3일을 쉬고 8월 29일 해태 원정에서 구원으로 4.1이닝 무실점 39구 투구, 8월 30일 해태 원정에서 5이닝 1비자책 49구 투구, 그리고 8월 31일 OB 원정에서 선발로 9이닝 3실점 136구 완투를 기록했다. 요즘은 1이닝 남짓을 던지는 불펜투수가 3연투를 해도 논란이 되는데 장명부는 3일 동안 19.1이닝을 던진 것이다. 그리고 삼미는 이 3경기에서 모두 패했다.

그리고 후기 리그 마지막 일정인 9월, 장명부는 그야말로 '폭주'했다. 무려 13번이나 마운드에 올랐고, 하루 휴식만 취하고 선발로 나선 것이 무려 7번이었다. 시즌 마지막 선발 등판은 아예 전날 등판에 이은 연투였다. 9월 18일부터 26일까지는 하루 휴식 후 선발 등판이라는 강행군을 5연속으로 소화하며 4완투를 기록했고, 26일 등판이 끝나고 하루 휴식 후 28일 구원 등판을 한 뒤 29일 선발 등판에서 연투를 하고 시즌을 마무리했다.

1983년 장명부의 최종 성적은 60경기 44선발 36완투 427.1이닝 30승 16패 6세이브 220탈삼진으로 선발 등판, 완투, 이닝, 다승 모두 KBO 역대 단일 시즌 1위에 해당한다. 특히 장명부에 이은 역대 최다 이닝 2위 기록이 1984년 최동원의 284.2이닝이고 장명부를 제외하면 400이닝은커녕 300이닝을 던진 투수도 없으니 장명부의 이닝 소화 능력이 얼마나 독보적이었는지를 알 수 있었다. 장명부는 만 33세로 당시 기준 꽤나 노장에 해당하기도 했다.

이해 삼미는 총 100경기를 치르고 52승을 거뒀으며 삼미 투수들은 총 909이닝을 투구했다. 그러니까 장명부는 팀 전체 경기의 60%에 출장했고, 44%의 경기에서 선발투수였으며, 36%의 경기를 완투했고, 팀 전체 이닝의 약 47%를 책임졌다. 그뿐만 아니라 팀이 승리한 경기의 58%에서 승리투수가 됐으며, 세이브까지 포함하면 팀이 승리한 경기 69%에 공헌한 것이다. KBO 정규시즌 역사에 1983년 삼미와 같은 원맨팀은 없었고, 앞으로도 없을 것이다.

그러나 장명부의 이러한 투혼에도 불구하고 삼미는 후기 리그 역시 MBC 청룡에 5경기 밀린 2위에 그치며 전·후기 리그 우승팀에게 각각 한 장씩 주어지는 한국시리즈 티켓을 받는 데 실패했다. 인천 연고팀 최초의 한국시리즈 진출은 청보 핀토스를 지나 태평양 돌핀스 시대에 가서야 가능했고, 현대 유니콘스는 감격의 첫 우승까지 달성했으나 이후의 연고지 이전으로 일제강점기부터 기구한 역사를 버틴 인천 야구팬들에게 또다시 큰 상처를 안겨줬다.

그뿐만 아니라 장명부는 시즌 초반 허형 사장과 언급했던 30승 달성 1억 보너스도 다 받지 못했다. 일본에서 나고 자란 재일교포라 한국어가 어눌했음에도 1억 원을 달라고 허형 사장을 찾아갈 때만큼은 유창한 한국어를 연습해 갔으나, 이는 무용지물로 돌아갔다. 허형 사장은 1억 보너스 발언이 진담이 아니었다고 주장하며 요구한 1억의 일부 정도만 장명부에게 사비로 지급한 것으로 알려져 있다.

당시 서울 아파트 여러 채를 살 수 있었던 거액을 다 받지 못한 장명부가 억울한 것은 당연하지만, 허형 사장 입장에서도 할 말은 있었다. 삼미는 장명부에게 연봉과 계약금 외에도 세금 대납 등으로 여러 편의를 봐줬고, 무엇보다 삼미 구단 직원이 허형 사장에게 보고한 계약서는 다운계약서였던 것이다. 이미 예상 이상의 추가 지출을 한 허형 사장 입장에선 농담으로 말한 보너스까지 줘야 한다는 사실을 받아들이기 어려웠을 것이다.

우승과 1억 원 보너스라는 동기부여 요소가 모두 무산됐으니 장명부의 허탈감은 꽤나 컸을 것으로 보인다. 게다가 그는 30대 중반에 접어들어 당시 기준으로는 노장이었고, 기록적인 혹사 역시 몸을 심각하게 망가뜨렸을 것이다. 그래서인지 1984년 장명부는 다시 261.2이닝을 던지며 투혼을 발휘했으나 성적은 13승 20패 7세이브 평균자책점 3.30으로 전년도에 비해 하락했다. 장명부에 대한 의존도가 높던 삼미 역시 전·후기 리그 모두 최하위에 그쳤다.

1985년 장명부는 여전히 246이닝을 던졌으나 11승 5세이브에 그치는 동안 무려 25패를 당했고, 평균자책점은 5.30으로 크게 상승했다. 당시 리그 전체 평균자책점이 3.48에 불과했음을 고려할 때 장명부는 더 이상 좋은 투수라고 하기 힘들었다. 그뿐만 아니라 팀 역시 삼미 그룹의 재정난으로 전기 리그 종료 이후 청보에 인수되며 청보 핀토스로 이름이 바뀌었다.

이듬해 장명부는 신생팀 빙그레 이글스로 이적했으나 108.1이닝 평균자책점 4.98의 성적으로 부활에 실패했고, 1승을 기록하는 동안 무려 18패를 당하고 말았다. 결국 장명부는 이해를 끝으로 유니폼을 벗어야 했다. 일본에서 화려한 커리어를 보냈고 KBO에서는 30승으로 정점을 찍었지만, 그도 세월과 혹사의 무게를 견딜 수는 없었고 결국 내리막을 피하지 못했던 것이다.

이후 장명부의 인생은 그의 선수 커리어만큼이나 파란만장했다. 세금 체납, 이혼, 팬 폭행 등으로 구설에 올랐고, 1991년에는 필로폰 투약까지 적발되고 말았다. KBO는 관련 규정에 의거해 그에게 다시는 KBO 관련 직종에서 일할 수 없는 영구실격 처분을 내렸고, 대한민국 정부가 그를 입국 금지시켰기에 장명부는 결국 쓸쓸하게 한국을 떠나 일본으로 가야만 했다.

장명부는 2005년 일본 와카야마현에 위치한 자신의 마작하우스에서 숨진 채 발견됐다. 당시 벽에는 "낙엽은 가을 바람을 원망하지 않는다"라는 글귀가 쓰여 있었다고 한다. 누구보다 화려하게 빛나던 낙엽은 결국 빛을 잃었으나, 떨어질 때만큼은 사람들에게 마지막 울림을 주고 떠났다.

혼자서 우승을 이끈 불세출의 투수

"팀보다 위대한 선수는 없다"라는 말이 있다. 그 어떤 팀 스포츠도 하나의 선수가 혼자서 팀을 승리로 이끌 수는 없기에 이 말은 지극히 당연하게 들린다. 하지만 KBO 리그에는 꽤나 진지한 반례가 있다. 이 사례의 주인공 역시 팀원의 도움을 아예 못 받은 것은 아니었으나, 전후 사정까지 모두 알게 되면 가슴이 벅차고 눈시울이 붉어지며 정말 그가 팀보다 위대한 선수가 아닌가 하고 고개를 끄덕이게 된다.

한국시리즈 우승과는 영 인연이 없었지만, KBO 초창기 삼성은 부정할 수 없는 강팀이었다. 삼성은 1984년에도 전기 리그 우승으로 한국시리즈 직행을 확정 지은 상태에서 후기 리그를 맞았다. 하지만 후기 리그 우승이 불가능해지자 OB와 후기 리그 선두를 다투던 롯데에게 최종 2연전을 모두 '져주기 경기'를 한다. 껄끄러운 OB보다 상대적으로 만만한 롯데를 한국시리즈 파트너로 선택하겠다는 야욕이었다.

한편 OB의 최종 2연전 상대는 해태였는데 이쪽 상황도 별반 다르지 않았던 것으로 전해진다. 해태 역시 제과업계 라이벌인 롯데의 우승을 원치 않았고, OB에게 김일권의 도루왕을 받아내며 2경기를 모두 내주는 방식으로 암묵적인 거래를 했다고 알려져 있다. OB도 해태에게서 2경기를 모두 받아냈지만, 결국 후기 리그 우승은 이미 OB에 한발 앞서 있던 롯데에게 돌아가게 됐다.

OB는 2.54로 팀 평균자책점 리그 1위였다. 개인 평균자책점 1, 2위 장호연과 계형철이 모두 OB 소속이었고, 12승 25세이브의 윤석환, 또 다른 12승의 박상열, 9승의 최일언 등 뒷받침하는 투수들 역시 매우 탄탄했다. 단기전에서 OB를 만나게 된다면 사실상 피할 수 있는 투수가 없는 것과 마찬가지였다.

반면 롯데를 만난다면 딱 한 명, 최동원만 피해가면 됐다. 최동원은 그해 정규시즌 284.2이닝 27승 평균자책점

2.40 탈삼진 223개의 압도적인 성적을 거뒀다. 아직도 이닝과 다승은 역대 2위, 탈삼진은 역대 3위에 해당하는 기록이다. 그러나 최동원을 제외하면 롯데가 내세울 만한 투수는 없었고, 그나마 뛰어난 제구력의 임호균만이 10승을 기록하며 최동원의 부담을 덜어주고 있었다. 팀 평균자책점도 3.31로 OB와의 격차는 매우 컸다.

19승의 김일융과 16승의 김시진, 원투펀치를 10승의 권영호가 뒷받침하던 삼성 입장에서는 7전 4선승제 시리즈에서 최동원이 나오는 2~3경기를 내주더라도 임호균이나 나머지 투수가 나올 경기들을 모두 잡으면 된다는 계산이 섰을 것이다. 그리고 타선도 삼성이 롯데보다 강했다. 롯데도 홍문종과 김용철의 콤비는 강력했지만 팀 타율 1위(0.270) 삼성에는 '3관왕' 이만수와 장효조가 있었고, 나머지 타자들도 롯데 선수들보다 나은 성적을 기록했다.

도덕적으로는 몰라도 최소한 실리적으로는 삼성의 선택이 충분히 타당해 보였다. 피할 투수가 없는 OB를 상대하느니 최동원만 피하면 되는 롯데를 고르는 것이 어쩌면 당연했고 모두가 삼성의 승리를 예상했다. 그러자 롯데는 이길 수 있는 단 하나의 수를 꺼내 들었다. 바로 필승 카드인 최동원을 1, 3, 5, 7차전에 선발로 내는 것. 강병철 감독의 "동원아 우짜노, 여기까지 왔는데"라는 말에 최동원은 "마, 함 해보입시더"라는 답변을 남기며 각오를 다졌다.

대망의 한국시리즈 1차전은 9월 30일 대구 시민운동장에서 열렸다. 롯데의 선발은 당연히 최동원이었고, 삼성 역시 김시진으로 맞불을 놨다. 그리고 결과는 롯데의 4:0 완승이었다. 김시진은 경기장에 오는 길에 가벼운 접촉사고를 냈고, 그로 인한 심란한 마음에 마운드에서 난조를 보이고 말았다. 반면 최동원은 강력한 구위로 7개의 삼진을 잡아내며 완봉승을 기록했다.

만만하게 보인 롯데가 일단은 필승 카드로 삼성에게 먼저 한 방을 먹인 것이다. 그러나 1~2패 정도는 삼성의 예상 범주 안에 있었을 것이다. 삼성 입장에서는 천천히 최동원의 힘을 빼며 시리즈를 길게 끌고 가면 그만이었다. 아직 6경기가 남아 있었고, 최동원은 혼자 3승을 더 거둬야 팀에 우승을 안길 수 있었다. 여전히 롯데의, 그리고 최동원의 우승은 요원해 보였다.

바로 다음 날 열린 2차전은 장효조의 홈런을 앞세운 삼성의 8:2 대승으로 끝났다. 롯데는 신인 안창완을 선발로 내며 사실상 경기를 버리는 운영을 했다. 2선발 카드인 임호균을 최대한 아꼈다가 결정적인 상황에 투입해 1승이라도 거두고자 하는 강병철 감독의 고육지책이었을 것이다. 삼성 선발 김일융은 9이닝 1자책점으로 완투승을 기록하며 롯데 타선을 잠재웠다.

하루를 쉬고 부산으로 이동해 열린 3차전에서는 롯데가 3:2 끝내기 승리를 가져갔다. 삼성 선발 김시진은 이번에는 호투를 이어갔으나 홍문종의 타구에 맞으며 8회에 내려갔고, 뒤이어 올라온 권영호가 정영기에게 끝내기 안타를 허용하며 패전을 면치 못했다. 그리고 최동원은 또 완투를 기록했고, 무려 12개의 탈삼진을 뽑아내며 삼성 타선을 농락했다. 남은 경기는 4경기, 롯데와 최동원에게 필요한 것은 2승, 불가능은 현실에 조금 더 가까워졌다.

다음 날 열린 4차전에서는 다시 삼성이 7:0 대승을 거두며 시리즈 균형을 맞췄다. 롯데는 2차전 구원으로 짧게 던진 임호균을 선발로 냈으나 4.1이닝 3실점을 기록하며 무너졌고, 삼성 선발 김일융은 이번에도 8이닝 무실점의 압도적인 투구로 최동원과 같은 시리즈 2승을 챙겼다. 삼성 입장에서는 최소한 본전은 챙긴 격이 됐고, 롯데는 남은 3경기에서 최동원으로 반드시 2승을 거둬야 하는 부담스러운 상황에 놓이게 됐다.

하루 이동일 후 잠실에서 5차전이 열렸다. 롯데는 예정대로 또 최동원을, 삼성은 권영호를 선발로 냈다. 6회말 두 팀이 2:2 균형을 맞추자 삼성 김영덕 감독은 승부수를 던졌다. 4차전 선발이었고 6차전 선발로도 예상됐던 김일융을 7회초에 마운드에 올린 것이다. 이 승부수가 적중, 삼성은 7회말에 결승점을 얻었고 경기와 시리즈 스코어 모두 3:2로 삼성과 김일융은 시리즈 3승째를 올렸다. 최동원은 완투패의 아쉬움을 삼켜야 했다.

이제 승부는 끝난 것처럼 보였다. 상식적으로 최동원이 6차전에 또 나올 리는 없으니 삼성이 6차전을 잡기만 하면 최동원이 나올 7차전까지 가지 않고 시리즈를 끝낼 수 있게 된 것이다. 설사 롯데가 6차전을 잡는다 하더라도 이미 3경기나 완투를 한 최동원이 7차전을 잘 던진다는 보장도 없었다. 유일한 필승 계획이 틀어진 팀 앞에는 패배라는 단 하나의 경우의 수만 남기 마련이다.

다음 날 열린 6차전, 삼성은 김시진, 롯데는 임호균이 선발로 나섰다. 4회말 롯데가 3:1로 앞섰으나 롯데 선발 임호균은 손가락 부상으로 투구를 이어가기 어려웠고, 롯데는 삼성 타선을 5이닝 더 막아내야 했다. 마땅히 올릴 투수가 없는 롯데의 선택은 어제 8이닝을 던진 최동원이었다. 보통의 투수였다면 상상도 할 수 없지만 최동원은 5이닝을 무실

4장 | 인간의 한계를 넘어선 선수들

점으로 막아냈고, 롯데 타선도 8회 3점을 추가해 6:1 롯데 승리, 시리즈는 최종전으로 향하게 됐다.

하지만 여전히 승부는 삼성에게 너무도 유리했다. 삼성은 5차전에 3이닝만 던진 김일융 카드가 있었던 반면, 롯데는 6차전에 최동원-임호균 원투펀치를 모두 사용했기 때문이다. 당장 롯데는 7차전에 올릴 선발투수조차 마땅치 않은 상황이었다. 필승 카드인 최동원을 선발은커녕 구원으로라도 짧게 낼 수만 있다면 그조차도 다행으로 보였다. 그러나 여기까지 온 이상 롯데도, 그리고 최동원도 포기할 수는 없었다.

하루 휴식을 갖고 열린 운명의 7차전, 삼성의 선발은 역시 김일융이었고 결국 롯데는 또 최동원을 선택했다. 8일 동안 31이닝, 그리고 직전 이틀 동안 13이닝을 던진 선수가 단 하루의 휴식만을 갖고 또 선발로 마운드에 오른 것이다. 그러나 그 최동원도 인간이었다. 최동원은 2회말 삼성에게 3점을 내줬고, 롯데가 3회초 1점을 따라붙었으나 6회말 삼성 오대석이 홈런을 때려내며 스코어는 4:1이 됐다. 삼성의 승리 확률은 9부 능선에 육박해 보였다.

하지만 여기서 견고하던 삼성의 실수가 나왔다. 7회초 1사 1루에서 한문연이 날린 타구를 우익수 장효조가 '만세'

를 부르며 3루타로 만들어줬고, 이어지는 정영기의 적시타로 롯데가 4:3까지 삼성을 추격했다. 그리고 8회초 1사 1, 3루 절호의 기회에서 시리즈 20타수 2안타의 5번 타자 유두열이 타석에 들어섰다. 강병철 감독은 원래 유두열을 6번 타자로 기용할 생각이었으나, 기록원이 5번 타자에 잘못 기입하자 그것을 정정하지 않고 그대로 출전시켰다.

1-1 카운트에서 지쳐 있던 김일융이 던진 몸쪽 낮은 공을 유두열이 받아쳤고, 이 타구는 그대로 왼쪽 담장을 넘는 역전 쓰리런이 됐다. 삼성은 뒤늦게 김일융을 내리고 권영호를 올렸지만 소를 다 잃고 외양간을 고치는 것에 불과했다. 승기를 잡자 지쳐 있던 최동원도 다시 힘을 내기 시작했다. 마운드에 지쳐 쓰러져도 전혀 이상하지 않을 선수가 초인적인 정신력으로 오히려 마지막 남은 힘을 짜낸 것이다.

삼성은 8회말 롯데 외야진의 실수로 1사 3루 기회를 잡았으나, 오대석의 2루 뜬공 때 함학수의 회심의 홈 쇄도가 아웃으로 돌아가며 격차를 줄이지 못했다. 9회말 1사 1루에서도 박승호가 안타를 친 후 무리하게 2루를 노리다 횡사하는 등 주루사가 연이어 삼성의 발목을 잡았다. 9회말 2아웃 주자 3루, 풀카운트에서 삼성 장태수는 높은 공에 체크 스윙을 했고, 볼넷을 주장하듯 1루로 달렸으나 누가 봐도 그의 배트는 허공을 한참 가른 상태였다.

그렇게 롯데는, 아니 최동원은 불가능해 보였던 한국시리즈 4승이라는 대업을 달성하며 우승을 따냈다. 열흘 동안 4번의 선발 등판과 1번의 구원 등판으로 40이닝 610구를 던지며 35탈삼진과 평균자책점 1.80의 압도적인 투구로 삼성 타선을 막아낸 결과였다. 당연히 역대 단일 한국시리즈에서 최동원보다 많이 던진 선수는 없다. 아마, 아니 절대 그런 선수는 앞으로도 나오지 않을 것이며 나와서도 안 된다.

그러나 아이러니하게도 최동원은 한국시리즈 MVP가 되지 못했다. 경기가 끝난 뒤 정규시즌 MVP 투표가 먼저 있었고, 최동원의 수상이 확정되자 기자들 사이에서 한국시리즈 MVP는 다른 선수가 받는 것이 좋지 않겠냐는 이야기가 나왔다. 그렇게 7차전 결승포의 주인공 유두열이 영광을 나누게 됐다. 역대 모든 한국시리즈를 통틀어 가장 잘 던졌는데, 시리즈 21타수 3안타를 기록한 타자에게 밀리다니, 요즘에는 상상하기 어려운 일이다.

패배한 삼성의 에이스 김시진에게는 이해가 본격적인 한국시리즈 잔혹사의 시작이었다. 이 시리즈에서만 3경기 2패를 떠안은 김시진은 이후 나선 한국시리즈 5경기에서 모두 패하며 통산 0승 7패를 기록, 한국시리즈에서 단 1승도 거두지 못하고 유니폼을 벗었다. 한국시리즈뿐만 아니라 아예 가을야구 전체로 봐도 김시진은 0승 9패로 선동열, 최동원에 이은 당대 3인자의 명성에 걸맞지 않은 투구를 보여 '새가슴'이라는 불명예스러운 호칭을 얻고 말았다.

그리고 해당 시리즈에서 삼성의 3승을 모두 책임진 김일융의 이야기도 빼놓을 수 없다. 김일융은 7차전에서 최동원 대신 한국시리즈 4승을 차지하기 직전까지 갔으나, 유두열의 한 방에 그 영광을 최동원에게 넘겨줘야 했다. 사실 현대의 야구팬들에게는 잘 알려져 있지 않은 사실이지만, 김일융은 국내 무대에 오기 전 이미 NPB 최고의 투수 중 하나였다. 1980년대 KBO에서 활약한 재일교포 중 장명부만이 그에 비견될 명성을 가지고 있었다.

장명부는 그래도 단일 시즌 30승이라는 기록 덕에 여전히 사람들에게 회자되고 있으나, 김일융의 경우는 한국시리즈 4승조차도 최동원에게 내줬기 때문에 오늘날의 야구팬들에게는 잊힌 선수가 되고 말았다. 한국에서 3년 동안 54승 3세이브를 기록한 김일융은 다시 일본으로 돌아가 6시즌을 더 뛰며 NPB 통산 116승 39세이브를 남겼다. 감히 필자의 소신으로 말하자면 김일융은 한국 야구사 역대 열 손가락 안에 드는 명투수로 평가받아야 할 것이다.

그리고 김일융과 김시진, 아니 삼성 전체를 혼자 제압한 최동원의 퍼포먼스는 사실 처음 나온 것이 아니었다. 최동원은 1981년 실업야구 코리안시리즈에서도 일주일 동안 6경기에 모두 등판해 42.1이닝을 던지며 2승 1세이브를 거두고 팀을 우승시킨 전적이 있었다. 등판 간격과 이닝을 감안하면 오히려 1984년 한국시리즈 4승보다도 더 어려운 업적이었다고 봐야 할 것이다. 이런 전례가 있었으니 강병철 감독 또한 무모할 정도로 최동원을 믿었던 것이다.

올드 야구팬들과 관계자들은 입을 모아 최동원의 전성기는 프로 입단 이전이었다고 말한다. 최동원은 요즘으로 치면 고졸 신인의 나이였던 1977년부터 이선희와 함께 대표팀 좌 · 우 원투펀치를 이뤘고, 이후로도 대표팀에 단골로 뽑히며 에이스 자리를 든든하게 지켰다. 특히 1981년에 열린 대륙간컵에서는 대회 최고의 투수로 선정되기도 했으며, 이 활약을 바탕으로 토론토 블루제이스 입단 직전까지 갔던 일화는 유명하다.

KBO 통산 103승에 그친 최동원이 아직도 심심찮게 팬들과 전문가들 사이에서 류현진, 박찬호, 선동열 등과 동일선상에서 거론되는 이유는 바로 이런 이유들 때문이다. KBO 통산 기록이 보여주는 것은 그의 위대했던 커리어의 극히 일부분에 불과하다. 오히려 전성기가 지난 상황에서도 프로에서 그 정도의 퍼포먼스를 보였다는 사실이 놀라울 따름이다.

전성기가 프로 입단 이전이었다는 이야기는 바꿔 말하면 이미 프로 입단 이전부터 심한 혹사를 당했다는 이야기이기도 하다. 그리고 앞서 말한 1981년의 코리안시리즈가 하나의 좋은 예시에 해당한다. 프로 입단 이전부터 혹사를 당했는데 프로 입단 이후로도 선발과 구원을 오가며 5년 연속 200이닝을 던졌으니 최동원의 팔은 남아나질 않았을 것이다. 심지어 최동원은 연세대 시절 박철순의 폭행으로 인한 허리 부상을 안고 있기도 했다.

그리고 최동원은 자신의 몸이 그렇게 힘든 와중에도 다른 사람들을 돕기 위해 힘썼다. 해태 선수 김대현의 교통사고 사망을 계기로 어려운 형편의 저연봉 선수들을 돕기 위한 선수협 창설을 시도한 것이다. 그러나 1980년대 후반의 사회 분위기는 지금과는 많이 달랐다. 최동원은 선수협 창설을 시도했다는 이유로 '빨갱이'라는 비난을 들으며 삼성으로 트레이드되어야만 했다. 최동원은 롯데에 모든 것을 받쳤지만, 롯데의 답례는 너무나도 차가웠다.

결국 최동원은 의욕을 크게 잃고 삼성에서 2년 만에 유니폼을 벗었다. 이후 최동원은 선거에 출마도 하고 예능 출연도 하며 잠시 야구계를 떠났다가 코치로 야구계에 복귀했다. 하지만 역시나 롯데의 부름은 없었다. 최동원은 2011년 대장암으로 세상을 떠났고, 롯데는 그제야 최동원의 11번을 영구결번으로 지정했다. 최동원이 롯데에 보여준 헌신에 비하면, 그리고 롯데가 최동원에게 저지른 잘못에 비하면 너무나도 늦고 초라한 답례이자 사과였다.

투수의 승리는 사실 현대 야구에서 아주 큰 의미를 갖는 기록은 아니다. 이론상 불펜투수는 단 1구도 투구하지 않고도 승리투수가 될 수 있다. 후대의 불펜투수들에게 정말 큰 행운이 따른다면, 아마 최동원의 한국시리즈 4승은 타이기록이 나올지도 모른다. 그러나 최동원이 한국시리즈 4승을 달성하는 그 과정만큼은 누구도 재현할 수 없을 것이며, 다시는 그 누구도 그러한 혹사를 당해서는 안 될 것이다.

그리고 최동원의 인생 또한 1984년 한국시리즈의 그것과 매우 닮아 있다. 단순히 야구 선수로의 기량만 놓고 본다면, 이 책에 나오는 메이저리거들이 최동원보다 몇 수 위에 있을 것이다. 그러나 최동원만큼의 고난과 역경을 겪은 선수는 많지 않다. 그리고 최동원은 그러한 고난과 역경을 겪는 와중에도 전혀 흐트러짐 없는 인생을 보냈다.

최동원은 팀이 필요로 할 때는 언제나 마운드에 올랐고, 마운드에서는 그 누구보다 든든했다. 그리고 마운드에서 내려와서도 다른 사람을 위한 삶을 살기도 했다. 보통 사람이라면, 아니 어지간히 정신력이 강한 사람이라도 상상하기 어려운 일이다. 팀보다 위대한 선수는 아마 없을 것이다. 하지만 '인간' 최동원은 어쩌면 그 어떠한 팀들보다도 위대했을지도 모른다.

국보투수의 믿을 수 없는 평균자책점

마운드에서 투수의 최우선 목표는 실점 억제이다. 물론 실점을 억제함과 동시에 많은 이닝을 소화할 수 있으면 좋겠지만, 현실적으로 둘을 동시에 하는 것이 어렵다면 실점 억제를 우선하는 것이 일반적이고 또 그것이 현대 야구의 트렌드이기도 하다. 2021년 내셔널리그 사이영상 수상자는 코빈 번스였는데, 이해 번스가 소화한 이닝은 규정이닝보다 고작 5이닝 많은 167이닝이었다. 짧게라도 확실하게 막는 선수가 높게 평가받게 된 것이다.

한국 야구사에서 가장 실점 억제력이 뛰어났던 투수는 역시 선동열일 것이다. 물론 종합적으로 봤을 때는 메이저리그에서 에이스로 활약한 박찬호와 류현진이 더 나은 커리어를 보냈다고 할 수 있겠지만, 그들도 리그를 막론하고 선동열 수준으로 낮은 평균자책점을 기록했던 적은 없다.

요즘은 잘 쓰지 않는 말이지만, 예전 대학생들 사이에서 "학점이 선동열 방어율"이라는 말이 유행했다고 한다. 보통 4.5점이 만점인 학점이 선동열의 평균자책점처럼 0점대에서 1점대를 오간다는 뜻이니 어지간히 공부를 안 해야 들을 수 있는 소리였을 것이다(필자도 그 정도는 아니지만 어지간한 1선발 투수 정도는 된다).

선동열의 KBO 통산 평균자책점은 1.20으로 2위 최동원의 2.46의 절반이 채 되지 않는다. 최동원이 전성기가 지난 후에 KBO 리그에 데뷔했음을 감안하더라도 실점 억제 면에서는 선동열이 최동원보다 우위였다고 할 수 있을 것이다. 2024년 KBO 리그 평균자책점 1위 KIA 제임스 네일의 평균자책점은 2.53으로 역시나 선동열의 '통산' 평균자책점의 2배를 넘는다.

물론 선동열이 활동하던 시기의 KBO 리그는 투고타저가 심했음을 감안하긴 해야 한다. 이러한 리그 환경이나 파크 팩터 등을 고려해서 산출하는 지표가 바로 조정 평균자책점(Adjusted ERA, ERA+)인데, 스탯티즈에 의하면 선동열의 통산 조정 평균자책점은 32.78이다. 동시대 같은 투수들이 100점을 주는 동안 선동열은 고작 32.78점만 실점했다는 뜻이다. 2024년의 네일의 조정 평균자책점은 51.34로 역시나 선동열의 통산에 못 미친다.

지금까지 언급한 수치들은 어디까지나 선동열의 '통산' 기록이다. 통산 기록에는 부진한 시즌도 포함되기 마련이라 평균자책점 같은 비율 스탯의 경우 단일 시즌 기록에 비해 좋지 않은 것이 당연하다. 통산 평균자책점부터가 워낙 낮아서 큰 차이는 없지만, 선동열은 단일 시즌 기록으로 살펴보면 더 압도적인 기록들을 여럿 보유하고 있다.

KBO 리그 단일 시즌 최저 평균자책점 기록 10개 중 무려 7개가 선동열의 것으로 1~3위, 5~7위, 9~10위 기록을 모두가 선동렬이 갖고 있다. 선동열 외에 10위 안에 든 선수는 4위 1993년의 김경원(129.1이닝 1.11), 8위 1986년의 최동원(267이닝 1.55), 10위 1984년의 장호연(102.1이닝 1.58)밖에 없다.

이 밖에도 14위 기록도 선동렬의 것인데 그는 KBO 리그 커리어 동안 규정이닝을 채운 시즌이 8시즌이다. 그러니까 선동렬이 규정이닝을 채우고 기록한 평균자책점 기록은 모두 역대 14위 내에 들어가는 것이다.

선동열은 KBO 데뷔 첫해부터 평균자책점 1위에 올랐다. 1985년 한국화장품과의 이중 계약 파문으로 후반기부터 시즌을 시작했지만 규정이닝을 채운 111이닝을 투구했고, 평균자책점 1.70을 기록하며 타이틀을 수상했다. 이 기록이 KBO 역대 14위에 해당하는데 선동열이 규정이닝을 채우고 기록한 가장 나쁜 평균자책점이다.

2년 차인 1986년, 선동열은 KBO 역사상 가장 위대한 시즌을 만들어냈다. 역대 5위에 해당하는 262.2이닝을 투구하면서 역대 7위에 해당하는 214탈삼진을 잡아냈고, 역대 3위에 해당하는 0.99의 평균자책점을 기록했다. 후술하겠지만 선동열이 0점대 평균자책점을 기록한 다른 시즌들은 이보다 100이닝 이상 적게 던졌기 때문에 선동열의 화려한 KBO 커리어 중에서도 1986년이 최고로 꼽히는 것이다.

WAR로 보면 해당 시즌 선동열의 위대함을 알 수 있다. 스탯티즈는 해당 시즌 선동열의 WAR을 12.29로 평가했는데, 이는 1994년의 이종범(11.83), 2015년의 테임즈(10.72)보다도 높은 수치로 역대 1위에 해당한다. 보통 WAR 6을 넘기면 MVP급 선수로 평가하는데, 이 시즌 선동열의 성적은 반토막을 내도 MVP급에 해당했던 것이다. 괜히 KBO 역사상 가장 위대한 시즌으로 꼽히는 것이 아니다.

1987년 선동열은 전년도에 비해 100이닝가량 줄어
든 162이닝만 던졌지만, 평균자책점은 전년도보다 더 낮은
0.89를 기록했으며 이 기록은 KBO 역대 2위에 해당한다.
이 시즌 선동열은 영화 〈퍼펙트게임〉의 모티브가 된 최동원
과의 15이닝 완투 대결을 펼쳤는데, 이 경기에서 무리한 탓
인지 그 뒤로 약 한 달 동안 사실상의 휴식기를 가졌다. 맞
수였던 최동원은 이 경기 이후로도 3일 휴식 간격으로 완
투-완투-완봉을 기록하는 괴력을 선보이기도 했다.

　　1988년 선동열은 178.1이닝을 던지며 평균자책점 1.21
을 기록했고, 1989년에는 169이닝을 던지며 1.17, 1990년
에는 190.1이닝을 던지며 1.13을 기록했다. 이 기록들은 각
각 KBO 역대 7, 6, 5위에 해당한다. 1991년에는 203이닝
동안 역대 9위의 1.55의 평균자책점을 기록했다. 1992년에
는 건초염 부상으로 32.2이닝을 던지는 데 그쳤지만 평균자
책점은 0.28에 불과했다. 기준을 30이닝 이상으로 할 경우
이 기록이 역대 최저가 된다.

　　건초염 부상 이후로 긴 이닝을 던지기 힘들어진 선동열
은 1993년 마무리투수로 전업했다. 선발 시절보다는 적은
이닝을 던졌지만 그래도 결코 적다고는 할 수 없는 126.1이
닝을 던졌고, 0.78의 평균자책점을 기록했다. 그렇다. 바로

이 기록이 KBO 리그 역대 단일 시즌 최저 평균자책점 기록
이다. 이해 선동열이 허용한 자책점은 단 11점이었다.

1994년 선동열은 커리어 처음으로 부진(?)을 경험했다.
102.1이닝 동안 선동열이 기록한 평균자책점은 2.73으로 선
동열 커리어에서 처음 있는 2점대 평균자책점 시즌이었다.
다른 선수라면 딱 한 번 커리어 하이로 기록할 성적이겠지만,
선동열에게는 딱 한 번 커리어 로우로 기록한 성적이었다.

절치부심한 선동열은 KBO에서의 마지막 시즌인 1995
년 109.1이닝을 던지며 평균자책점 0.49를 기록했다. 이해
선동열이 허용한 자책점은 단 6점이었다. 규정이닝인 126이
닝을 채우지 못했지만, 이 기록 역시 100이닝 이상 기준 단
일 시즌 역대 최저 평균자책점 기록이다. 규정이닝을 채울
때나 못 채울 때나 선동열의 실점 억제 능력은 역대 최고 수
준이었던 것이다.

이후 주니치 드래곤즈로 이적한 선동열은 NPB에서
4년 동안 10승 98세이브, 그리고 평균자책점 2.70을 기록
하며 활약했다. 이적 첫해 리그 적응에 실패하며 부진했으
나, 2년 차부터 본인의 명성에 걸맞은 퍼포먼스를 선보이며
리그 최고의 마무리투수라는 평가를 받았고, 주니치에서의
4년을 끝으로 현역 생활을 마무리했다.

대한민국에 야구라는 스포츠가 존재하는 한 앞으로도 KBO 무대에는 정말 많은 좋은 투수들이 등장할 것이다. 어쩌면 KBO 무대에서의 좋은 활약을 바탕으로 MLB에까지 진출해 성공적인 커리어를 보내는 선수들도 여럿 나올지 모른다. 하지만 선동열의 평균자책점 기록을 깨는 선수가 나오는 것이 가능할까? 필자가 보기엔 쉽지 않을 것 같다.

천재 타자가
강속구를 '안' 숨김

1990년대 메이저리그 최고의 스타는 아름다운 스윙으로 많은 홈런을 때려내고 최고의 수비력까지 선보였던 켄 그리피 주니어였다. 2000년대에는 기계와 같은 꾸준함으로 압도적인 타격 성적을 자랑한 알버트 푸홀스가 팬들의 많은 사랑을 받았다. 2010년대 최고의 스타는 역시 공수주 모두가 완벽했던 마이크 트라웃이었을 것이다.

그리고 2020년대는 이견의 여지 없이 오타니 쇼헤이의 시대다. 앞서 말한 선수들이 보여준 것들은 사실 전례가 있었고, 우리가 충분히 상상할 수 있는 범주 내의 것들이다. 하지만 오타니는 다르다. 오타니의 활약은 그야말로 우리가 처음 보는 것들이며, 우리가 상상하지 못했던 것들이다.

아마 오타니가 이 정도 레벨의 선수가 될 것이라 예측한 사람은 오타니 본인 말고는 아무도 없을 것이다. 오타니는 고교 시절 자신의 인생 계획표를 단일 시즌 25승 달성, 최고 구속 175km/h, 통산 5700탈삼진 돌파 등의 허무맹랑한 것들로 채웠다. 그리고 놀랍게도 그 허무맹랑한 것들을 현실에서 꽤나 그럴듯하게 구현하고 있다.

당초 오타니는 고교 졸업 후 메이저리그 직행을 계획했지만, 지명권을 가졌던 홋카이도 닛폰햄 파이터즈의 끈질긴 설득 끝에 NPB를 거치기로 결정했다. 닛폰햄은 다르빗슈 유의 등번호 11번을 물려주고 투타 겸업을 보장하는 등 다양한 공을 들인 끝에 오타니를 영입하는 데 성공했다.

닛폰햄에서 오타니는 5년 동안 투수로는 42승과 평균자책점 2.52, 타자로는 타율 0.286 48홈런 13도루 OPS 0.859를 기록했다. 2년 차부터는 확실한 선발 요원이자 준수한 대타 요원으로 자리 잡았고, 4년 차인 2015년에는 투타 모두에서 리그 최고의 모습을 선보이며 MVP를 수상했다. 프리미어12 한국전에서 큰 인상을 남긴 것도 바로 이해였다. 마지막 시즌인 2016년에는 부상으로 인해 투수로는 거의 뛰지 않고 타자로만 시즌 절반 정도를 나섰다.

분명 면면을 살펴보면 훌륭한 성적이었다. 하지만 투타 겸업을 병행하면서 오는 체력 부담과 부상에 의한 결장 등으로 생각보다 그리 많은 경기에 뛰진 못했고, 그로 인해 누적 성적은 다소 아쉬운 감도 없지 않았다. 일본에서의 성적이 우수한가와 메이저리그에서 성공할 수 있는가는 차원이 다른 문제이다. 그러나 메이저리그 스카우터들은 오타니를 놓칠 정도로 멍청하지 않았고, 많은 구단이 달려들어 영입을 시도했다.

꼼꼼한 성격의 오타니는 메이저리그 구단들에게 자신을 영입하고 싶은 이유에 대한 프레젠테이션을 요구했다. 본인의 성공 가능성을 높이기 위한 조치였겠지만, 오타니의 이런 모습을 두고 유난 떤다는 반응도 나왔다. 일본 현지 커뮤니티에서는 "오타니는 메이저리그에서 실패하고 한국의 LG 트윈스에서나 뛰게 될 것" 등과 같은 조롱 섞인 의견도 있었다. 소시민은 도전자를 비웃는다고 했다.

오타니의 최종 선택은 알버트 푸홀스와 마이크 트라웃이 있는 LA 에인절스였다. 그리고 오타니는 MLB 데뷔 첫해부터 투타 모두에서 좋은 모습을 보였다. 투수로는 10경기 선발 등판해 51.2이닝을 소화하며 63탈삼진을 잡아내고 4승과 평균자책점 3.31을 기록했으며, 타석에서는 114경기에서

0.285의 타율과 22홈런 OPS 0.925를 기록했다. 아메리칸리그 신인왕 역시 오타니의 차지였다.

하지만 그 뒤 2년 동안은 오타니의 뜻대로 잘 풀리지 않았다. 첫해에 당한 부상으로 인해 투수를 포기하고 타자로만 뛴 2019년에는 18홈런과 OPS 0.848로 오히려 성적이 하락했다. 이어 코로나로 시즌이 단축된 2020년에는 투수로 2경기 1.2이닝 평균자책점 37.80으로 난타를 당했으며, 타자로도 타율 0.190에 OPS 0.657로 심각한 부진을 겪고 말았다. 소시민들의 비웃음이 현실이 되는 듯했다.

그러나 2021년 오타니는 그러한 비웃음을 딛고 일어나 야구의 신이 됐다. 마운드에서는 130.1이닝을 던지며 9승과 3.18의 평균자책점, 156탈삼진을 기록했고, 타석에서는 158경기 타율 0.257 46홈런 26도루 OPS 0.965를 기록했다. 투타 모두 정상급 성적으로 진정한 의미의 '이도류'를 완성한 것이다. 오타니 이전 투타 겸업을 이 정도 수준으로 해낸 마지막 선수는 약 100년 전의 베이브 루스가 유일했다.

언론은 연일 오타니에 대한 찬사를 쏟아냈으며 그중에는 야구 역사상 최고, 아니 스포츠 역사상 최고의 단일 시즌이라는 극찬도 포함되어 있었다. 오타니는 투수로 WAR 3.0, 타자로 WAR 5.0을 기록했는데 합산 WAR 8.0은 메이저리그 전체 1위였다. 오타니는 당연히 아메리칸리그 MVP에 만장일치로 선정됐다.

2022년에도 오타니의 활약은 계속됐다. 타석에서는 157경기 타율 0.273 34홈런 11도루 OPS 0.875 WAR 3.6으로 소폭 하락한 성적이었지만, 투수로는 166이닝을 던지며 15승 평균자책점 2.33 213탈삼진 WAR 5.6으로 발전한 모습을 보였다. 규정타석-규정이닝 동시 달성과 15승-30홈런 동시 달성은 역대 최초에 해당했다. 아메리칸리그 MVP는 62홈런과 WAR 11.1의 애런 저지가 받았지만, 다른 해였다면 오타니도 넉넉히 MVP를 수상할 성적이었다.

2023시즌을 앞두고 WBC에 참가한 오타니는 이 대회에서도 역사적인 활약을 선보였다. 타석에서는 7경기 동안 타율 0.435와 OPS 1.345를 기록했고, 투수로는 3경기 9.2이닝 동안 평균자책점 1.86과 2승 1세이브를 기록하며 대회 MVP에 올랐다. 특히 1점차로 앞선 결승전 9회 2아웃 3-2 풀카운트에서 환상적인 스위퍼로 트라웃을 삼진으로 잡은 장면은 정말 그보다 더 극적일 수가 없었다.

좋은 기억을 안고 시작한 2023시즌에도 오타니는 역시나 좋은 활약을 펼쳤다. 투수로는 132이닝 10승 평균자책점 3.14 167탈삼진 WAR 2.4로 2021년과 비슷한 수준의 활약이었으며, 타석에서는 135경기 타율 0.304 44홈런 20도루 OPS 1.066 WAR 6.5로 커리어 하이를 경신했다. 부상으로 시즌을 일찍 마친 것이 다소 아쉬웠지만, 그래도 오타니의 성적을 따라잡을 선수는 없었고, 오타니는 만장일치로 두 번째 아메리칸리그 MVP를 수상했다.

2023시즌을 마치고 오타니는 FA 자격을 얻었다. 부상으로 인해 투수로 복귀하는 시점이 불분명해졌지만, 타자로도 리그 최고 수준인 오타니의 가치는 높을 수밖에 없었기에 당연히 많은 팀이 달려들었다. 원소속팀 LA 에인절스는 처음 MLB에 진출할 때 오타니의 가치를 알아봐 주고 그에게 투타 겸업에 도전할 충분한 기회를 준 고마운 팀이었지만, 오타니가 있는 동안 포스트시즌에 한 번도 나가지 못했다. 더 많은 걸 이루기 위해 오타니는 떠나야 했다.

그리고 오타니의 선택은 바로 LA 다저스였다. 다저스는 10년 7억 달러, 한화로 9000억 원이 넘는 거액을 제시한 끝에 오타니의 마음을 얻을 수 있었다. 총액의 상당 부분을 지급유예하는 조항이 있어 잠시 논란이 됐지만 메이저리그 사무국의 철저한 규정을 위반하는 부분은 없었다. 이렇게 다저스는 오타니, 무키 베츠, 프레디 프리먼으로 이어지는 MVP 트리오를 1~3번에 배치하는 최강의 라인업을 구축

하게 됐다.

　새 팀에서의 첫 시즌을 시작하기 전, 오타니에게는 악재가 닥쳤다. 가족처럼 믿고 지내던 통역사 미즈하라 잇페이의 배신이었다. 도박에 몰두해 있던 잇페이가 오타니의 신뢰를 저버리고 오타니의 계좌에서 무려 200억 원이 넘는 돈을 횡령한 것이다. 분노한 오타니는 당연히 그를 해고했고, '오타니의 통역사'라는 명예로운 타이틀과 함께 풍요로운 인생을 보낼 수 있었던 잇페이는 그 복을 스스로 걷어차고 빚더미로 뛰어든 멍청한 사나이로 역사에 남게 됐다.

　그러나 악재도 오타니의 발목을 붙잡지는 못했다. 수술로 인해 투수를 하지 못하게 되자 타격에만 집중하며 159경기 동안 타율 0.310 197안타 54홈런 59도루 OPS 1.036 WAR 9.1이라는 믿기 어려운 성적을 기록했다. 특히 9월 19일에는 6타수 6안타 3홈런 10타점 4득점 2도루라는 헛웃음만 나오는 맹활약을 하며 메이저리그 역사상 최초의 한 시즌 50홈런-50도루를 달성했다.

　수비를 안 하는 '반쪽짜리 선수'라는 이유로 지명타자에게 유독 인색했던 기자단도 오타니를 외면할 수 없었다. 오타니는 역대 최초로 지명타자로 MVP를 수상한 선수가 됐으며, 동시에 역대 최초로 만장일치 MVP를 3번이나 수상한 선수가 됐다. 처음 출전한 포스트시즌에서도 소속팀 다저스가 샌디에이고 파드리스, 뉴욕 메츠, 뉴욕 양키스를 연달아 격파해 월드시리즈 우승을 차지하는 겹경사를 누렸다.

오늘날 오타니가 이루고 있는 것들은 정말 놀라움의 연속이다. 오타니가 보여주는 것들은 그야말로 야구 역사에 전례가 없던 것들이기 때문에 이 선수의 업적들을 도대체 어떻게 평가해야 하는지 감조차 오지 않는다. 많은 언론에서는 오타니에게 '야구 역사상 가장 위대한 선수'라는 파격적인 문구를 사용하기도 한다.

하지만 필자는 오타니가 야구 역사상 가장 위대한 선수라는 의견에는 동의하지 않는다. 오타니는 이제 겨우 MLB에서 7시즌만 보낸 상황이며 전성기에 접어든 것은 겨우 4시즌에 불과하다. 우선 메이저리그 명예의 전당에 들어가는 것을 1차 목표로 잡는다고 해도 3시즌을 더 뛰어야 하는 상황이다. 당연하게도 야구 역사를 돌아보면 롱런으로 오타니를 앞서는 선수는 수도 없이 많다.

오늘날 선수의 가치를 가장 잘 나타내는 지표는 WAR이다. 오타니는 투수와 타자 양쪽에서 WAR을 쌓을 수 있어 매우 높은 수치를 기록하지만, 현역 선수들 중에서도 마이크 트라웃, 무키 베츠, 애런 저지 등이 타자만 하고도 오타니의 커리어 하이 시즌 투타 합산 기록보다 더 높은 WAR을 기록한 바 있다. 야구 역사 전체를 돌아보면 베이브 루스, 테드 윌리엄스, 윌리 메이스 등 훨씬 많은 선수가 오타니의 투타 합산 WAR을 넘겼다.

　이런저런 요소들을 다 고려하면 현시점의 오타니는 야구 역사상 최고의 선수와는 꽤 거리가 있을 것이다. 역대 10위 혹은 30위, 어쩌면 50위 안에 들어가는 것도 굉장히 힘겨울 수 있다. 지금까지 오타니의 업적이 부족해서라기보다는 그만큼 야구의 역사는 길고 방대했기 때문이며, 또 그 기간 동안 거쳐 간 위대한 선수들이 너무나도 많기 때문이다.

　그러나 오타니는 이제 겨우 만 30세에 불과하다. 고작 만 30세의 나이에 수많은 전설의 이름들을 소환하는 것부터 오타니가 굉장히 놀라운 커리어를 쌓고 있다는 뜻이다. 은퇴할 때쯤의 오타니는 정말 많은 전설들보다 높게 평가받을 것이 분명하다.

　그리고 오타니의 위대함은 단지 WAR로만 설명할 수 없다. 압도적인 타격과 우수한 수비력을 갖춘 야수들이 종종 오타니보다 높은 WAR을 기록하기는 하지만, 그들을 마운드에 올렸을 때 오타니만큼의 투수가 되진 못할 것이다. 타격과 수비력에서 완성도 높은 기량을 갖춘 선수들은 많지만, 오타니처럼 타격과 투구에서 모두 완성도 높은 기량을 갖췄던 선수는 없었다.

오타니의 또 다른 가치는 바로 스타성이다. 2010년대 최고의 스타였던 트라웃은 매년 높은 WAR을 기록했지만, 그게 전부였다. 얌전하고 보수적인 성격으로 야구에만 집중했기 때문에 팀 승리에는 많은 도움이 됐을지언정 야구의 흥행에는 그다지 도움이 되지 않았다. 모든 걸 트라웃의 탓으로 돌릴 순 없겠지만, 트라웃이 MLB 최고의 스타였던 2010년대, 미국에서 야구는 점점 나이 든 아저씨나 할아버지들만 보는 스포츠라는 인식이 굳어져 갔다.

하지만 오타니는 다르다. 잘생기고 훤칠한 외모와 투타 겸업이라는 독특함 덕분에 일본 선수임에도 불구하고 한국 팬들이 많이 생길 정도이다. 미국과 일본 현지의 반응은 굳이 설명할 필요가 없을 것이다. 다저스가 오타니에 거액을 투자한 이유에는 이러한 부분도 포함되어 있다. 실제로 다저스타이움의 외야 광고판 가격이 오타니 영입 이후 10배 이상 급증했다는 보도도 존재한다.

프로스포츠에서 스타성이 있는 선수는 매우 중요하다. 말 그대로 '프로' 스포츠이기 때문이다. 스타성이 있는 선수는 존재 자체로 돈을 벌어준다. 선수는 경기장 안에서의 플레이로 팀의 승리에 직접 기여할 수도 있지만, 부가적인 수익 창출을 통해 팀의 전력 보강에 도움이 되면서 팀의 승리에 간접적으로 기여할 수도 있다. 물론 오타니는 두 부분 모두에서 아주 뛰어난 선수다.

오타니는 그간 우리가 야구에서 보지 못했던 것들을 보여주며 우리를 열광하게 만든다. 팬들을 열광시키는 것만큼 프로 스포츠 선수의 본분을 다하는 일도 없을 것이다. 이런 선수의 전성기를 생생히 목격할 수 있는 건 분명 야구팬으로서 행복한 일이다. 다행히 오타니는 다저스와의 계약기간만 무려 9년이 남아 있다. 오타니가 앞으로 9년 동안 뭘 더 이뤄낼지 궁금한 사람이 필자 하나만은 아닐 것이다.

역사상
최고의 타자

야구 역사상 최고의 타자는 누구일까? 필자는 베이브 루스라고 생각한다. 홈런이라는 새로운 무기를 들고 나왔던 루스만큼 동시대를 압도한 선수는 없다. 하지만 야구 역사를 되돌아보면 딱 한 명, 그에 준하는 성적을 낸 선수가 있다. 그것도 전성기의 대부분을 모종의 이유로 날리고도 말이다. 그렇다. 바로 '타격의 신' 테드 윌리엄스를 두고 하는 말이다.

베이브 루스의 통산 타율은 0.342, 테드 윌리엄스는 0.344를 기록했다. 출루율에서도 루스가 0.474, 윌리엄스는 더 높은 0.482를 기록했다. 하지만 장타율에서는 윌리엄스가 0.634로 루스의 0.690에 못 미친다. 자연히 출루율과 장타율을 더한 OPS에서도 루스가 1.164로 1.116의 윌리엄스를 앞서며, wRC+도 루스가 194, 윌리엄스는 근소하게 밀린 187이다.

하지만 윌리엄스는 루스가 갖지 못한 기록을 보유하고 있는데, 바로 단일 시즌 타율 4할 기록이다. 윌리엄스는 1941년 타율 0.406을 기록했다. 그 뒤 오랜 기간 동안 메이저리그에서는 타율 4할이 나오지 않은 기록으로 여겨졌고, 윌리엄스가 2020년까지는 메이저리그의 공식적인 '마지막 4할 타자'였다. 2020년에 4할 타자가 나온 것은 아니지만 역시나 모종의 이유로 윌리엄스는 이 타이틀을 잃게 됐다.

1939년 보스턴 소속으로 빅리그 무대를 처음 밟은 윌리엄스는 0.327의 타율과 31홈런, 1.045의 OPS라는 신인으로는 믿기지 않는 성적을 기록했다. 2년 차 징크스 따위는 이런 역대급 선수에게는 해당하지 않는 것인지 이듬해에도 맹타는 계속됐고, 테드 윌리엄스는 타율 0.344 23홈런 OPS 1.036를 기록했다. 그리고 3년 차 테드 윌리엄스는 대폭발했다.

1941년 테드 윌리엄스는 456타수에서 185안타, 무려 0.406의 타율을 기록했다. 시즌 마지막 날에는 더블헤더가 열렸는데, 반올림해서 타율 4할을 기록 중이던 윌리엄스는 당당하게 두 경기에 모두 나서 8타수 6안타를 기록하며 타율을 끌어올렸다. 아쉽게도 아메리칸리그 MVP는 56경기 연속 안타라는 기록을 세운 조 디마지오(30홈런 OPS 1.083)에게 돌아갔지만, 그해 성적은 누가 봐도 윌리엄스(37홈런 OPS 1.287)가 한 수 위였다.

1942년에도 윌리엄스는 타율 0.356 36홈런 OPS 1.147의 무시무시한 성적을 기록했으나, 그의 메이저리그 커리어는 여기서 중단된다. 일본의 진주만 공습이 발생하자 참전을 결정한 것이다. 그렇게 역대 최고의 타자를 노리던 윌리엄스는 어머니를 봉양할 충분한 돈을 모았다는 말과 함께 전장으로 떠났고, 1946년에야 그라운드로 돌아왔다. 만 24세에서 26세 사이의 신체적 최전성기를 전장에서 보낸 것이다.

전쟁에서 복귀한 윌리엄스는 얼마 전까지 전투기를 몰았던 사람이라곤 믿어지지 않는 좋은 성적을 기록했다. 질적으로나 양적으로나 입대 전의 성적과는 큰 차이가 없었다. 복귀 후 4년 동안 꾸준한 성적을 내던 테드 윌리엄스는 1950년 올스타전에서 펜스에 부딪히는 부상을 당하며 89경기 출장에 그쳤다. 그는 자신이 그 이후 완전히 다른 타자가 됐다고 말했지만, 1951년 타율 0.318 30홈런 OPS 1.019로 여전히 뛰어난 성적을 기록했다.

그렇게 윌리엄스의 질주는 계속될 것 같았지만, 그는 놀랍게도 두 번째 참전을 결정한다. 이번에는 6·25전쟁이었다. 1952년 6경기만 소화하고 참전한 윌리엄스는 1953년에 돌아와 37경기를 소화하고 시즌을 마무리했다. 어느덧 그는 만 34세의 노장이 되어 있었다. 모두가 그의 전성기는 끝났다고 생각했다. 사실 그가 전쟁에서 다시 돌아와서는 선수로 뛰지 않을 거라는 예측도 있었다.

그러나 그는 건재했고, 1954년부터 무려 7시즌을 더 소화하고 은퇴했다. 이 7년 동안 윌리엄스는 연평균 타율 0.337 26홈런 OPS 1.101을 기록했다. 만 38세 시즌이던 1957년에는 오히려 타율 0.388에 38홈런과 OPS 1.257을 기록하며 커리어 하이에 준하는 성적을 기록했다. 1960년 윌리엄스는 만 41세의 나이에 타율 0.316 29홈런 OPS 1.096을 기록하고 유니폼을 벗었다.

윌리엄스는 통산 2654안타 521홈런을 기록했다. 무려 30명의 선수가 3000안타를 기록하고 9명의 선수가 600홈런을 기록한 걸 감안하면 분명 명성에 비해 아쉬운 수치다. 하지만 윌리엄스가 전쟁으로 전성기에 준하는 4년 반 이상을 날렸던 것을 감안하면 이야기가 완전히 달라진다.

첫 입대 전 3년 동안 윌리엄스는 564안타 96홈런을 기록했고, 복귀 후 3년 동안 545안타 95홈런을 기록했다. 두 번째 입대 전 마지막 풀타임 시즌인 1951년에는 169안타 30홈런을 기록했고, 두 번째 입대 후 첫 풀타임 시즌인 1954년에는 133안타 29홈런을 기록했다. 입대가 없었다면 윌리엄스는 최소 3300안타-640홈런을 기록할 수 있었을 것이다. 통산 3300안타-640홈런 이상을 기록한 선수는 행크 애런과 알버트 푸홀스 둘뿐이다.

그리고 윌리엄스는 여기에 더해 역대 최고의 선구안까지 가진 선수였다. 군 입대까지 고려하지 않더라도 테드 윌리엄스는 역대 4위에 해당하는 2021개의 볼넷을 얻어냈다. 2558개의 볼넷으로 역대 1위에 오른 배리 본즈가 어떤 부정한 방법을 사용했는지는 모두가 알고 있으며, 2190개의 2위 리키 헨더슨은 윌리엄스가 두 번째 입대만 안 했어도 충분히 제칠 수 있었을 것이다.

앞서 언급한 행크 애런과 알버트 푸홀스의 통산 출루율은 0.374에 불과하다. 절대 나쁜 수치는 아니지만 윌리엄스는 이들보다 무려 1할 이상 높은 0.482의 통산 출루율을 기록했다. 양적으로나 질적으로나 윌리엄스의 타격은 분명 역대 최고 수준이었다. 하지만 윌리엄스는 보장된 3300안타와 640홈런, 그리고 2200개 이상의 볼넷 대신 더 소중한 가치를 선택했고, 1991년 미국 대통령 훈장으로 그 보답을 받았다.

필자는 노력을 강조하는 사회 분위기를 그리 좋아하지 않는다. 하지만 윌리엄스만큼이나 타격을 잘하기 위한 노력을 많이 한 사람도 없을 것이다. 은퇴하고 10년이 지난 1970년, 그는『타격의 과학』이라는 저서를 펴냈고, 이 책은 지금도 전문가들의 극찬을 받는다. 이 책에서 특히 강조한 어퍼 스윙은 2010년대 플라이볼 혁명으로 재탄생하기도 했다. 장인들의 감각이 항상 과학과 일치하지는 것은 아니지만, 윌리엄스는 그것을 해냈다.

2020년 12월, MLB 사무국은 과거 메이저리그에서 뛸 수 없는 흑인들을 위한 리그였던 니그로리그의 역사를 공식적으로 메이저리그의 역사로 편입했다. 더 나은 세상을 위한, 그리고 공정한 기회를 보장받지 못했던 흑인 선수들을 위한 작은 변화이자 보상일 것이다. 그렇게 1943년 조시 깁슨이 니그로리그에서 기록한 타율 0.466 역시 공식 기록으로 인정받게 됐고, 윌리엄스는 마지막 4할 타자의 타이틀을 79년 만에, 혹은 2년 만에 내려놓게 됐다.

테드 윌리엄스는 "남자라면 그날, 그리고 인생의 목표가 있어야 하고, 내 목표는 사람들이 '저기 역사상 가장 위대한 타자, 테드 윌리엄스가 지나간다'라고 말하게 하는 것

이었다"라는 말을 남긴 적이 있다. 어떤가? 여러분이라면
그렇게 말할 것인가?

홈런의 시대를 연
야구의 신

타자가 한 타석에서 보여줄 수 있는 최고의 퍼포먼스는 다름 아닌 홈런이다. 타구를 알맞은 속도와 발사각으로 날려서 페어 지역 담장을 넘기는 것, 스윙 한 방에 팀에게 가장 많은 점수를 안겨줄 수 있는, 야구에서 존재하는 최고의 작전이다. 홈런의 존재 때문에 3점이라는 꽤나 넉넉해 보이는 점수차에도 야구팬들은 긴장의 끈을 늦추지 못하는 경우가 많다.

그러나 처음부터 야구에서 홈런이 지금처럼 일상적으로 터졌던 것은 아니다. 과거 메이저리그에서는 지금보다 훨씬 반발력이 약한 공을 썼고, 두 자릿수 홈런을 치는 타자도 리그 전체를 통틀어 손에 꼽을 정도였다. 자연히 타자들은 방망이를 짧게 잡고 단타를 치는 것에 주력했다. 이 시기를 데드볼 시대라고 부른다.

단적인 예를 하나 들자면 이 시기 메이저리그에서 활약하고 명예의 전당에까지 헌액된 존 프랭클린 베이커는 '홈런 베이커'라고 불렸다. 다름 아닌 홈런을 많이 친다는 이유에서였다. 하지만 베이커의 한 시즌 최다 홈런 기록은 1913년 12홈런에 불과했으며, 통산 홈런 숫자는 96개였고 두 자릿수 홈런을 친 시즌도 고작 5시즌에 불과하다. 데드볼 시대의 타자들이 얼마나 홈런과는 거리가 멀었는지를 알 수 있는 부분이다.

1911년 메이저리그는 공인구 반발력을 더 높였지만 타자들은 여전히 방망이를 짧게 잡는 것을 멈추지 않았다. 그러나 단 한 명, 바로 베이브 루스의 등장으로 상황은 완전히 달라졌다. 베이브 루스는 그 자신이 리그 최고의 홈런타자가 됨과 동시에 야구계 전체에 홈런의 붐을 불러일으켰다.

뉴욕 양키스의 홈런타자로 잘 알려진 베이브 루스지만, 아이러니하게도 메이저리그 커리어는 1914년 양키스의 최대 라이벌인 보스턴에서, 그것도 투수로 시작했다. 야구는 잘하는 사람이 잘한다는 말처럼 루스는 투수로도 매우 훌륭한 선수였다. 1916년에는 무려 300이닝을 넘게 던지면서도 1점대 평균자책점을 기록해 리그 1위에 올랐고, 23승을 올리기도 했다.

하지만 '투수' 베이브 루스에게는 치명적인 약점이 있었는데, 바로 투수를 계속할 수 없을 정도로 타격 실력이 뛰어나다는 것이었다. 1918년 20경기 166.1이닝을 던지고 2.22의 평균자책점과 13승을 기록한 루스는 타자로 단 95경기 380타석만 나서면서도 11홈런을 기록하고 홈런왕에 올랐다. 100여 년 뒤 오타니가 기록한 10승-10홈런 동시 달성 역시 루스가 먼저 했던 것이다.

1919년 17경기 133.1이닝으로 투수 비중을 더 줄인 루스는 130경기 542타석에 나서며 무려 29홈런을 날렸다. 2년 연속 홈런왕이 됐음은 물론, 1884년 네드 윌리엄슨이 세운 단일 시즌 최다 홈런 기록(27개)까지 아예 경신해버렸다. 홈런 치는 방법을 확실하게 깨달은 것이다. 그리고 보스턴 레드삭스는 여기서 야구 역사상 가장 멍청한 선택을 하고 만다. 구단주가 루스를 비난하며 양키스로 현금 트레이드한 것이다.

이 트레이드는 그야말로 야구 역사를 뒤바꾸고 말았다. 루스 영입 이전까지 단 한 차례도 월드시리즈 우승을 하지 못했던 뉴욕 양키스는 루스와 함께 4번의 월드시리즈 우승을 차지했고, 이후 지속적인 강호로 거듭나며 무려 27회의 월드시리즈 우승을 기록해 레알 마드리드와 함께 스포츠 역사상 최고의 명문팀 중 하나로 거론되는 위치에까지 올랐다.

또 루스 영입 이후 급격하게 수입이 증가한 양키스는 1923년 '양키스타디움'이라는 새로운 구장까지 개장하게 된다. 이 구장은 무려 2008년까지 사용됐으며, '루스가 지은 집'이라고 불리기도 했다. 양키스가 루스를 데려올 때 쓴 금액은 고작 12만 5000달러였는데, 양키스가 루스를 통해 벌어들인 직간접적인 수익은 그 몇 배일지 추산조차 어려워 보인다.

반면 루스 영입 이전 이미 월드시리즈 우승을 2회 기록하고, 루스 영입 이후에도 3번의 우승을 차지하며 승승장구하던 보스턴 레드삭스는 루스를 트레이드하고 무려 86년 동안이나 월드시리즈 우승을 하지 못하며 밤비노(베이브 루스의 별명)의 저주에 걸렸다는 평가를 받았다. 보스턴은 2004년이 되어서야 밤비노의 저주를 깨고 여섯 번째 우승을 차지했고, 그 뒤로 3번의 우승을 더 차지해 총 9회의 월드시리즈 우승을 기록 중이다.

양키스와 함께한 첫 시즌, 루스는 그야말로 대폭발했

다. 무려 54홈런을 쏘아 올린 것이다. 홈런 2위와의 격차는 35개에 달했으며, 루스보다 많은 홈런을 친 '팀'은 단 두 팀밖에 없었고, 당연하게도 그중 한 팀은 루스 본인이 소속된 양키스였다. 선수 하나가 혼자서 홈런으로 리그의 거의 모든 팀을 다 이긴 것이다. 2024년에 이런 기록을 세우기 위해서는 234홈런이 필요하다.

양키스에서의 두 번째 시즌인 1921년, 루스는 한술 더 뜬 59홈런을 기록했다. 그리고 루스에 맞춰 다른 팀들과 다른 선수들 역시 변화하기 시작했다. 홈런 2위는 여전히 루스와 35개의 차이가 났지만, 그래도 전년도에는 루스를 제외하면 한 명도 없던 20홈런 타자가 리그에서 5명이 나왔고, 양키스를 제외하고도 7팀이 루스와 같거나 더 많은 홈런을 때려냈다. 야구는 점차 변화하기 시작했다.

양키스 3년 차인 1922년, 루스는 부상으로 110경기 출장에 그쳤고 35홈런을 기록했다. 예전 같았으면 여전히 압도적으로 홈런왕이 됐을 수치지만, 다른 선수들 역시 달라져 있었고, 역대 최고의 우타자 겸 2루수로 꼽히는 로저스 혼스비가 40홈런을 기록하며 루스의 연속 홈런왕 행진은 4년에서 멈췄다. 루스는 홈런 4위에 만족해야 했고, 이제 대다수의 팀이 루스보다 많은 홈런을 치기 시작했다.

절치부심한 루스는 이듬해부터 다시 41, 46홈런을 기록하며 2년 연속 홈런왕이 됐다. 1925년에는 98경기 25홈런에 그치며 타이틀을 잃었지만, 1926년부터는 그야말로 위대한 질주를 이어갔다. 무려 6년 연속 홈런왕에 오르고, 7년 연속으로 40홈런을 기록한 것이다. 루스로 인해 다른 선수들도 홈런의 힘을 깨달았지만, 여전히 루스만큼 홈런을 많이 칠 수 있는 선수는 없었다.

그리고 1927년 루스는 6년 전 자신의 59홈런 기록을 넘어 마침내 불가능할 것 같았던 60홈런의 고지에 올라섰다. 훗날 5명의 선수가 이 기록을 넘어섰지만 이들 중 3명은 금지약물 복용자였다. 루스 이후로 금지약물의 도움 없이 60홈런을 넘긴 선수는 1961년 61홈런을 기록한 로저 매리스와 2022년 62홈런을 기록한 애런 저지 둘에 불과하다.

이즈음 양키스는 루스의 뒤를 받쳐줄 또 다른 중심타자를 얻게 되는데, 바로 루 게릭이었다. 1923년에 데뷔한 루 게릭은 1925년부터 주전 1루수 자리를 차지했고, 3번 루스의 뒤를 잇는 4번 타자로 활약하며 병으로 인한 비극적 은퇴 전까지 수많은 기록을 세워 야구 역사상 최고의 1루수로 꼽힌다. 야구 역사상 최고의 우익수와 1루수가 한 팀에서 뛰던 양키스는 둘 외에도 강타자들이 즐비해 '살인 타선

(Murderers' Row)'이라고 불렸다.

1932년에도 41홈런을 친 루스는 58홈런을 친 지미 폭스에게 홈런왕을 내줬고, 이듬해 34홈런, 1934년 22홈런을 끝으로 양키스를 떠났다. 그리고 1935년 보스턴 브레이브스(현 애틀랜타 브레이브스)에서의 1년을 끝으로 커리어를 마무리했다. 루스는 메이저리그 통산 714홈런을 남겼다.

그렇다면 루스가 홈런만 많이 치는 선수였을까? 절대 아니다. 루스의 통산 타율은 0.342로 토니 그윈(0.338)보다 높다. 통산 출루율은 0.474로 테드 윌리엄스(0.482)에 이은 2위에 해당하며, 장타율(0.690)과 OPS(1.164), wRC+(194) 역시 조시 깁슨(0.718, 1.177, 202)에 이은 2위에 해당한다. 깁슨의 기록이 니그로리그에서 쌓은 것이고 표본도 루스보다 적은 것을 고려하면 실질적으로는 루스가 더 나은 성적을 기록했다고 봐야 할 것이다.

WAR을 살펴보면 루스가 얼마나 대단한 선수였는지를 더욱 잘 알 수 있다. 보통 선수가 한 시즌에 WAR 2 이상을 기록하면 해당 선수가 주전급의 활약을 했다고 평가하고, 6 이상을 기록하면 MVP에 도전할 수 있는 수준의 활약을 했다고 평가한다.

야구 통계 사이트 팬그래프닷컴에 의하면 루스는 한 시

즌 WAR 6 이상을 기록한 시즌이 무려 14시즌이며, 9번이나 10을 넘겨버렸다. 단일 시즌 타자 WAR 1~4위까지의 기록은 모두 루스의 기록으로 1923년의 14.7, 1921년의 13.7, 1920년의 13.1, 1927년의 12.9 순이다. 그러니까 루스는 어지간한 MVP 선수들보다 2배는 더 가치 있는 선수였던 것이다.

루스의 통산 WAR은 타자로 167, 투수로 12.4이며 도합 179.4에 육박한다. 당연히 역대 1위에 해당하며, 역대 2위로 164.4를 기록한 배리 본즈는 금지약물 복용이 적발됐다. 보통 통산 WAR 60을 넘길 경우 명예의 전당에 첫 턴으로 들어갈 확률이 높다고들 하는데, 루스는 커리어를 셋으로 나눠도 셋 다 첫 턴으로 들어갈 수 있을 것이며 넷으로 나눠도 넷 다 입성에 성공할지도 모른다.

독자 여러분이 지금까지 읽은 숫자들을 믿지 않는다고 해도 이해한다. 실제로 토미 홈스라는 기자 역시 "20년 전쯤 나는 베이브 루스에 대해 말하는 것을 포기했다. 내가 본 것을 아무도 믿으려고 하지 않았기 때문이다"라는 말을 남기기도 했다. 필자 역시 통계 사이트에서 루스의 기록을 보며 수차례나 제대로 본 것이 맞는지 확인하곤 했다.

이런 압도적인 기록만으로도 베이브 루스는 야구 역사상 최고의 선수라는 타이틀을 얻기에 충분할 것이다. 그리고 여기서 루스를 더 특별하게 만들어주는 것은 앞서도 언급했듯이 홈런을 유행시켰다는 상징성이다. 홈런이라는 야구에서 볼 수 있는 가장 특별한 이벤트를 대중화시킨 선수가 바로 루스이다. 루스가 아니었다면 야구는 이렇게까지 인기 있고 재미있는 스포츠가 아니었을지도 모른다. 어쩌면 필자도 야구팬이 되지 않았을 수도 있다.

축구 해설가이자 대한축구협회 부회장을 역임하고 있는 한준희 해설위원은 과거 축구 선수 요한 크루이프를 두고 '축구라는 스포츠를 영원히 한번 바꿔놓은 선수'라고 평한 바 있다. 크루이프와 함께 토탈 풋볼이 등장하면서 축구가 이전과는 정말 다른 스포츠가 됐기 때문이다. 그렇다면 '야구라는 스포츠를 영원히 한번 바꿔놓은 선수'는 역시 베이브 루스일 것이다. 루스가 불러온 홈런의 유행으로 야구는 이전과는 정말 다른 스포츠가 됐기 때문이다.

야구에 진심입니다

1판 1쇄 인쇄 2025년 5월 28일
1판 1쇄 발행 2025년 6월 10일

지은이 조장현

펴낸이 최준석
펴낸곳 한스컨텐츠
주소 경기도 고양시 일산서구 강선로 49, 404호
전화 031-927-9279 팩스 02-2179-8103
출판신고번호 제2019-000060호 신고일자 2019년 4월 15일

ISBN 979-11-91250-14-5 03690